MEMOIRE
POUR
LA NOBLESSE DE FRANCE,
CONTRE
LES DUCS ET PAIRS.

Ce Memoire a paru en avril 1717. Il n'y en a eu que fort peu de copies distribuées et a esté retiré sur le champ.

A SON ALTESSE ROYALE

MONSEIGNEUR

LE DUC D'ORLEANS REGENT.

MONSEIGNEUR,

Les Souſſignez, de l'Ordre de la Nobleſſe, pleins de reſpect pour la Perſonne de V. A. R. & de ſoumiſſion pour l'Autorité Souveraine, dont elle eſt dépoſitaire, croiroient manquer à leur devoir, s'ils ne lui rendoient compte des raiſons qui les obligent à porter leurs plaintes au Trône de Sa Majeſté.

Ces raiſons, MONSEIGNEUR, ſont contenuës dans la Requête ci-jointe, qui fera connoître à V. A. R. par la lecture du ſimple expoſé des Prétentions des Pairs extraites fidellement de leurs Ecrits, que nous ne pouvons demeurer plus long-tems dans le ſilence.

Vous perſuader, MONSEIGNEUR, de la juſtice de nos plaintes, c'eſt nous aſſurer la Protection de V. A. R. Protection dont nous ſûmes honorez contre ces mêmes Ducs & Pairs auſſi-tôt après la mort du Roi, & qui ne manquant jamais au mérite d'une bonne cauſe, perpetuëra dans la poſterité de la Nobleſſe du Royaume une reſpectueuſe & profonde reconnoiſſance.

AU ROI.

SIRE,

Les soussignez, de l'Ordre de la Noblesse, suplient très-humblement VÔTRE MAJESTÉ, de reprimer par son Autorité Royale les entreprises des Pairs de France, qui depuis longtems font des efforts pour s'élever au dessus de la Noblesse, former un Ordre qui lui seroit supérieur, & établir, s'il leur étoit possible, quelque sorte d'égalité avec les Princes de Vôtre Sang. Nous ne fatiguerons point ici V. M. de l'histoire de toutes les distinctions qu'ils ont usurpées, qu'ils usurpent encore chaque jour à la faveur des conjonctures, & pour lesquelles s'ils y persistent la Noblesse pourra former des demandes particulieres.

Il nous suffit de représenter à V. M. que le feu Roi, Vôtre Auguste Bisayeul, voyant avec le nombre des Pairs croître celui de leurs prétentions, sa profonde sagesse se convainquit de la necessité de poser des bornes, au delà desquelles elles ne pourroient plus s'étendre à l'avenir; & par son Edit du mois de Mai 1711. il statua sur les Droits de la Pairie. Mais à peine ce Grand Roi avoit-il rendu ses derniers soupirs, que les Pairs prétendirent se mettre à la tête de la Noblesse, comme en étant les Chefs, & la présenter à V. M.

Cette premiere tentative n'ayant pas eû le succès qu'ils s'en étoient promis, ils firent reparoître d'anciens Écrits presqu'oubliez; ils y en joignirent de nouveaux, & tous les Ordres de l'État y lûrent avec indignation, qu'il appartient aux Pairs de décider sur *les differends de la Succession à la Couronne, & des Regences; que c'est aux Pairs à regler les affaires importantes de l'Etat, que les Pairs sont les Juges naturels & les Chefs de la Noblesse; qu'ils sont fort élevez au dessus d'Elle, qu'ils forment un Ordre qui en est distinct & séparé.* Ils ont même fait glisser depuis quelques mois dans les Édits & Déclarations de V. M. ces termes inusitez, & autres Pairs. Enfin, dans une Requête présentée depuis peu à V. M. ils soûtiennent que le droit de représenter les anciens Pairs au Sacre des Rois est une Prérogative qui n'est dûë, après les Princes du Sang, qu'aux Pairs de France; propositions si contraires à l'Autorité de V. M. aux interêts de la Nation, & à la dignité de la Noblesse, que les Gentils-hommes de Vôtre Royaume seroient venus en foule aux pieds de VÔTRE MAJESTÉ implorer la Justice, si plus jaloux de témoigner leurs soumissions, que de conserver leurs droits les plus legitimes, ils n'avoient crû en devoir attendre la permission de VÔTRE MAJESTÉ.

Nous osons nous flatter, SIRE, qu'une conduite aussi respectueuse ne sera point de tort à la justice de nôtre cause, & que le Prince éclairé & équitable à qui vous avez confié le dépôt de vôtre Autorité, voudra bien faire observer à V. M. qu'il s'agit, non d'un leger differend entre quelques particuliers, mais de l'État même de toute vôtre Noblesse, de cette Noblesse dont la diminution, pour nous servir des termes des Rois vos prédécesseurs, est l'affoiblissement de l'État, & qu'on ne peut laisser abaisser, sans que la gloire de la Nation s'obscurcisse & s'efface entierement. Mais, SIRE, ce qui fait en même tems nôtre confiance, c'est que nos interêts sont ceux de VÔTRE MAJESTÉ, & que la Noblesse a en cette occasion, comme en toutes les autres, la satisfaction de voir que pour conserver sa veritable Grandeur, elle n'a qu'à déffendre celle de son Roi.

En effet, SIRE, la Noblesse n'auroit rien à souhaitter aujourd'hui si les Pairs respectant l'Autorité Souveraine n'entreprenoient point de franchir les limites qu'elle leur a prescrites par l'Edit de 1711.

A CES CAUSES, SIRE, Plaise à

VÔTRE MAJESTÉ déclarer que les Pairs de France ne forment point de Corps, & en conſequence leur déffendre de ſe créer des Sindics & Commiſſaires, déclarer auſſi qu'ils n'ont point le droit de décider ſeuls de la Succeſſion à la Couronne & des Regences, ni de regler les affaires importantes de l'État; qu'ils ne ſont ni les Chefs, ni les ſeuls Juges de la Nobleſſe, que les autres Gentils-hommes de Vôtre Royaume ont un droit égal à celui des Pairs, d'être appellez aux Sacres des Rois, pour y repréſenter les anciens Pairs du Royaume; d'ordonner qu'à l'avenir on n'inſerera plus dans les Édits & Declarations de V. M. ces termes, & autres Pairs; que les Pairs ſe renfermeront dans la joüiſſance des ſeuls Droits que leur donne la diſpoſition de l'Édit de 1711, ſans qu'il leur ſoit permis de joüir de nulle autre Prérogative.

MEMOIRE
POUR
LA NOBLESSE DE FRANCE,
CONTRE
LES DUCS ET PAIRS.

Servant de Réponſe aux prétentions des Ducs & Pairs, & aux propoſitions par eux inſerées contre les Droits & Privileges de la Nobleſſe dans un volume imprimé en l'année 1716, ſous le titre de *Recueil de pieces concernant les differends des Pairs de France avec les Préſidens à mortier du Parlement de Paris.*

LA grandeur à laquelle les Ducs & Pairs veulent s'élever a pour objet d'introduire dans l'État une forme nouvelle de gouvernement Ariſtocratique, dont ils ſeront les ſeuls Arbitres, les Miniſtres nez, les Conſeillers neceſſaires & perpétuels; mais les Loix fondamentales de la Monarchie ne peuvent ſouffrir une élevation, qui ne ſeroit fondée que ſur la deſtruction de l'autorité des Rois & ſur l'oppreſſion de la Nation. Les Ducs & Pairs n'ont aucune puiſſance par eux-mêmes, ils n'en reçoivent que du Corps de la Nobleſſe & des Parlemens, dont ils ne ſont que les membres; cependant à peine Loüis XIV. eut-il les yeux fermez, qu'ils mirent au jour le projet, depuis longtems medité, de former un Corps ſéparé dans l'État, & d'y élever une puiſſance de médiation entre les Rois & les peuples.

Cette médiation imaginaire les placé au deſſus de la Nobleſſe & des Parlemens; de là ils ſe trouvent les Juges des Rois, de la Couronne & des Regences, les Arbitres de l'État.

Ce deſſein, dont l'on ne peut plus douter, ſoit que l'on examine leur conduite, ſoit que l'on jette les yeux ſur leurs Mémoires, & ſur leurs Requêtes, qu'ils ont oſé préſenter au Roi, attaque ouvertement la puiſſance Royale, offenſe la Nobleſſe, & tous les Ordres du Royaume.

C'eſt la Nobleſſe qui a poſé les fondemens de la Monarchie, qui les a élevez, qui les a ſoûtenus; c'eſt à elle à défendre les Loix immuables qui ont pris naiſſance avec le Gouvernement.

C'eſt du ſein de la Nobleſſe que les Rois ſont ſortis pour recevoir de Dieu la puiſſance Royale ; c'eſt à la Nobleſſe à la ſoûtenir.

C'eſt enfin ce Corps illuſtre qui a ſoûtenu l'éclat & la gloire de la Nation pendant un ſi long cours de ſiécles, c'eſt à lui de la conſerver.

L'interêt perſonnel de la Nobleſſe ſe trouveroit le moindre à la vûë de l'interêt de l'autorité du Souverain & du bien de la Nation, ſi le ſalut de l'État ne ſe trouvoit attaché à ſa conſervation ; Elle oſe donc dire que ſon interêt eſt ici le plus grand de tous ; ſans Elle les Rois ſont ſans force, les Peuples ſans défenſeurs. La principale force de Nôtre Couronne, dit Henri III. conſiſte dans la Nobleſſe, en la diminution de laquelle ſe trouve l'affoibliſſement de l'État : tels ſont les motifs qui font ordonner à ce Prince qu'Elle ſoit à jamais conſervée & maintenuë dans ſes anciens honneurs & privileges *.

* Art. 256. de l'Ordonnance de Blois. *Et parceque la principale force de nôtre Couronne giſt & conſiſte dans nôtre Nobleſſe, en la diminution de laquelle eſt l'affoibliſſement de l'Etat, Nous voulons & entendons qu'Elle ſoit conſervée & maintenuë dans les anciens Honneurs, Droits, Franchiſes & immunitez accoutumées.*

Elle ſe trouve donc autoriſée par la volonté des Rois, par ſon amour pour le bien de l'État, & pour l'interêt de ſa gloire, à rendre ſes plaintes publiques, à demander au Roi & au Prince Regent, juſtice des nouveautez ſans nombre que les Ducs voudroient introduire, pour s'emparer d'un rang & d'une autorité que leur Pairie ne leur donne point; autorité qui détruiroit entierement les Droits & les Honneurs de la Nobleſſe, en lui donnant des Maîtres nouveaux, qu'elle n'a jamais connus, & qu'Elle ne reconnoîtra jamais.

Les Ducs ont rompu la barriere qui les retenoit pendant le dernier Regne; mais depuis l'avenement du Roi Loüis XV. à la Couronne, les entrepriſes, les écrits, les diſcours ont éclaté de toutes parts.

Ils ont commencé par vouloir ſe mettre à la tête de la Nobleſſe, pour la préſenter au Roi, comme s'ils avoient une ſupériorité ſur Elle; membres de la Nobleſſe, ils vouloient d'autorité la préſider. Le Prince Regent fit ceſſer cette injuſte & nouvelle prétention, en ſe mettant à ſa tête, pour la conduire aux pieds du Trône; Elle le ſuivit avec joye, & avec une reconnoiſſance qui ne ceſſera jamais; Elle ne connoit au deſſus d'Elle que les Rois & la Maiſon Royale.

Mais, ſi Membres de la Nobleſſe, ils vouloient s'en déclarer les Chefs, Membres du

Parlement, ils ont voulu faire la même chose, s'en séparer, & se mettre au dessus de lui.

Le Public a été surchargé de Requêtes, de Mémoires, dont le principal objet a été de surprendre les Peuples, & faire passer à la posterité les illusions de leur vaine grandeur ; ils ont composé un gros volume sous le titre *de Recueil de pieces concernant leurs differends avec les Présidens à mortier du Parlement.* On croiroit, sous le nom de Pieces, que l'on y trouve des Titres, des Concessions de leurs Droits, de leurs Honneurs nouveaux ; mais on n'y voit que des Requêtes & des Mémoires, que l'on peut regarder comme une suite de tableaux, ou de tapisseries, où le peuple abusé, & qui ne peut dans l'instant pénétrer dans la verité des faits historiques, croit voir dans les Pairs un Corps maître de l'État, un Corps établi au dessus de tous les Corps du Royaume, un Corps enfin, dont la puissance est au dessus de celle des Rois.

Mais ce Recueil fait un autre effet sur les esprits éclairez ; ils sont surpris & blessez d'y voir tous les faits historiques présentez dans un faux jour ; & dans l'unique dessein de tromper l'esprit & les sens, ils sont étonnez de ne voir dans ce Recueil que contrarieté dans les faits, contradiction dans les raisonnemens & dans les conséquences ; &

ce qui enfin met le Lecteur hors de toute mesure, ce sont les expressions fastueuses, excessives & insuportables, dont ce Recueil est rempli : on y présente à chaque instant les Pairs dans un point d'élevation & de grandeur, que ceux qui sont instruits ne peuvent reconnoître.

C'est pour remettre la verité aux yeux du Roi, des Princes & de la Nation, que la Noblesse va parler ; Elle ne se servira d'autres armes contre les Pairs, que de leurs propres écrits & de leur propre aveu des faits qui renversent leur systême ; on ne s'y servira que de leurs citations, qui prouvent toutes le contraire de ce qu'ils croyent y avoir trouvé.

Présentons d'abord un objet au Public. Les Pairs anciens joüissoient de trois Honneurs differens ; de ceux des Souverains, de ceux des Princes du Sang, de ceux de la Pairie.

Aujourd'hui les Ducs & Pairs ne sont ni Souverains, ni Princes du Sang ; on ne croit pas qu'ils disconviennent de cette proposition : il faut donc qu'ils renoncent aux Droits & aux Honneurs dûs à la Souveraineté & à la Maison Royale. Cela n'est-il pas évident ? Cela n'est il pas raisonnable ? A quoi l'on ajoute, qu'il est aussi de toute justice de leur accorder les prérogatives & les fonctions attachées à la Pairie.

Voilà donc, par ce premier argument, les deux tiers de la querelle finis ; voilà les trois parts de leur Recueil, de leurs Requêtes & Mémoires anéanties ; car si de ce volume on retranche les Droits & les Honneurs de la Souveraineté, ceux de la Maison Royale, il ne leur restera que ce qui leur apartient ; c'est à-dire, ce qui concerne les attributs de la Pairie, qui n'ont jamais fait, & moins encore aujourd'hui que jamais, & depuis l'Edit de 1711, un objet de l'étenduë dont les Pairs veulent le faire paroître.

La Pairie est un office de dignité qui a ses fonctions & ses bornes ; elles sont connuës ; la Noblesse ne veut pas les diminuer, ni les éteindre ; mais elle ne peut voir sans se plaindre, que cette même dignité se multiplie à l'infini, qu'elle sorte de ses bornes, ni qu'elle domine sur l'État entier, dont la Noblesse est & sera toujours la partie supérieure, après la Maison regnante & les Ministres de la Religion.

La Noblesse se propose donc de faire connoître à fonds & sans retour les Droits de la Pairie. On examinera d'abord son origine & son établissement, ensuite on entrera dans l'examen des prétentions des Ducs & Pairs ; prétentions dont on ne peut douter, puisqu'il n'y en a pas une seule de celles que l'on va traiter, qui ne soit litteralement écrite dans leurs Requêtes, ou dans leurs Mémoires.

La premiere, ſera de ſçavoir ſi les Pairs ſont un Corps ſéparé dans l'Etat.

La ſeconde, s'ils ont jugé ſeuls ſans les Rois, ſans la Nobleſſe, ou les Parlemens.

La troiſiéme, en quoi conſiſte leur droit de ne pouvoir être jugez que par le Roi & par leurs Pairs.

La quatriéme, s'ils ſont les ſeuls Juges de la ſucceſſion à la Couronne.

La cinquiéme, s'ils ſont les ſeuls Juges des Regences.

On finira par faire voir que les differences infinies qui ſe trouvent entre la Pairie nouvelle & l'ancienne, ne peuvent donner une excuſe legitime à leurs prétentions.

Origine & Progrès de la Pairie.

Une ſeule idée ouvrira d'abord les yeux. Il faut diſtinguer dans le gouvernement du Royaume les loix generales des loix particulieres.

Les loix generales concernent les Droits de la guerre & de la paix, celles de la Juſtice, de la Police & des Finances.

Les loix des fiefs & des Pairies ſont des loix particulieres, qui n'ont pris naiſſance que dans les conditions que les Seigneurs ont impoſées aux dons qu'ils ont fait de terres & de poſſeſſions à leurs compagnons d'armes, ſous la loi du ſerment de fidélité & du ſervice militaire.

Parcourons le Gouvernement pendant les trois Races de nos Rois.

Dans le commencement de la premiere Race, rien n'étoit au dessus de la Noblesse que le seul Prince ; il prenoit la qualité de Noble, il étoit le premier des Nobles ; les Historiens déclarent, que dans les élections qui ont précedé l'établissement de la Monarchie devenuë héréditaire, la Nation consideroit sur toutes choses la Noblesse [a]. Les Évêques après le baptême de Clovis furent appellez à l'Inauguration des Rois, aux Déliberations generales qui se faisoient tous les ans dans le Champ de Mars, aux Testamens des Rois, aux partages de la Couronne ; ils appaisoient les discordes, que ces partages faisoient naître ; les Grands du Royaume accusez de crimes étoient jugez militairement par le Roi & la Noblesse ; nuls Gens de robe, la Justice alors étoit militaire, tant au civil, qu'au criminel [b].

Les Rois avoient à leur suite un Conseil d'État composé de gens choisis dans le Clergé & dans la Noblesse, les Grands Officiers n'y entroient pas sans y être mandez ; il se faisoit des assemblées particulieres du Clergé & de la Noblesse, qui connoissoient chacune des matieres qui les regardoient ; elles

[a] *Mezeray*, *Edition de* 1707. in 4°. *premier vol. p.* 14 *&* 23. [b] *Pasquier, Du Tillet, & les autres, Mezeray après eux premier vol. p.* 358. 373. 388.

ſe joignoient enſemble quand les matieres étoient mixtes.

Les bienfaits dont les Rois combloient de jour en jour la Nobleſſe en partageant avec Elle leurs conquêtes formerent les differentes loix des Fiefs ; loix particulieres, qui n'avoient d'autre regle que la volonté de celui qui accordoit le bienfait.

Ces loix n'ont jamais regardé la cauſe commune & generale de l'Etat, qu'autant que le Souverain appelloit ſes vaſſaux, pour venir à ſon ſecours dans les guerres étrangeres, à la difference des querelles particulieres des Rois : quand il s'agiſſoit, dit Meſeray *, d'une querelle particuliere du Roi, il ne pouvoit faire armer que ſes vaſſaux & les ſujets de ſes terres ; mais quand il y alloit du ſalut & de l'honneur de la Nation, il mandoit tous les Seigneurs du Royaume, qui à ſon ordre faiſoient auſſi marcher leurs vaſſaux.

Dans la ſeconde Race, moins farouche & moins abſoluë, il n'étoit pas au pouvoir des Rois de dépouiller les Grands de leurs dignitez & de leurs biens, ni de les faire mourir, que par de certaines formes, ſoit dans des aſſemblées generales de la Nobleſſe, ſoit dans des jugemens particuliers, auxquels leurs Pairs ou égaux étoient appellez, & auxquels le Roi préſidoit.

* *Vol.* 2. 5. *p.* 11.

On vit naître ces formes particulieres sous la seconde Race dans les assemblées generales du Champ de Mars, dans les assemblées particulieres connuës sous les noms de *Conventus*, *Colloquia*, *Parlamenta* [a], & dans les Plaids generaux des Provinces, où les Évêques, les Abbez, les Comtes, faisoient des Reglemens generaux sur les matieres Ecclésiastiques & séculieres ; ils avoient d'ailleurs les mêmes fonctions que dans la premiere Race, ils confirmoient les partages, appaisoient les querelles ; mais avec plus de forme dans l'instruction & dans les Jugemens. Jusques là, nulle mention de Pairs en France, les Seigneurs du Royaume, les Evêques, & toute la Nation, confirmerent le partage que Charlemagne avoit fait entre ses Enfans ; ils confirmerent celui de Lothaire [b]. N'y avoit-il alors que douze Seigneurs en France ? ces partages ne furent-ils confirmez que par les douze Pairs ? On ne les connoissoit pas encore [c].

[a] *Glossarium.* Du Cange *in v°. Parlamentum.* [b] *Charta divisionis Regni Francorum inter Carolum jus Pippinum & Ludovicum filios Caroli magni Imperatoris, capito.* Capitularia Reg. Franc. tom. I. p 439. *Secunda Charta divisionis Aquis gravi in generali populi conventu.* Ibid. p.685. [c] Le nom de Pair dans les Capitulaires de Charlemagne ne signifie que les gens de même état égaux entr'eux; le nom de Pair étoit donné aux Ecclésiastiques, aux Moines, aux soldats, aux Capitaines, aux villageois.

La Grandeur de la Maison de France commença à déchoir vers le milieu du Regne de Loüis le Debonnaire : les secondes noces de ce Prince, la prédilection qu'il eut pour le fils qui en vint, les partages de ses Enfans, qu'il changea & rechangea tant de fois, jetterent une si grande confusion dans sa famille & dans ses États, que ce ne furent depuis ce tems que querelles, animositez ; factions, guerres & désordres *.

Ce fut dans les démembremens de la

villageois. *Parem suum si quis adjuvare voluerit*, tom. I. p. 510. *Parem suum si quis in exercitu dimittit pugnam & fugit.* p. 82. 767. *Monachi pares monasterii*, *charta Dagoberti. Parem suum unusquisque fideliter adjuvet*, tom. 2. p. 45. p. 139. *Parem suum nemo discopinat & prodat*, *p.* 156. *Parem suum nemo forconsiliavit*, p. 147. *Pari suo si quis audiverit necessitatem evenisse* p. 197. *Parem suum si quis nocere voluerit*, p. 62. Voilà quels étoient les Pairs qui étoient connus sous le Regne de Charlemagne & de ses descendans. Mr Pithou dans son Glossaire sur les Capitulaires *tom. 2. p.* 736 dit que ce mot signifie pair & compagnon, & rien autre chose. Jérôme Bignon dans ses nottes sur Marculfe, *tom. 2. p.* 918. sur les mots *cum reliquis paribus suis*, dit, *Pares sunt socii & aquales* ; & ajoute, *sit in libris feudarum pares curia sive cartis dicuntur qui ab eodem domino feuda tenent quasi pares inter se.* Le nom de Pair étoit donc commun à tous ceux qui étoient associez ensemble par la même profession.

* Du Tiller, Des Pairs ; Mezeray vol. I. p. 283.

Monarchie, dans les troubles & les divisions qui survinrent après la mort de Loüis III. & Carloman, que les Pairs prirent naissance.

Il ne faut pas douter que les nouveaux Souverains qui s'éleverent alors ne fissent part de leurs usurpations aux Seigneurs de leur dépendance, & qu'ils ne leur accordassent toutes choses, pour avoir d'eux seulement le serment & l'hommage, & qu'aussi ces Seigneurs n'en usassent de même envers leurs vassaux. De là sont nées tant de Seigneuries, grandes & petites, dont les Evêques même, courageux, & qui se trouvoient de bonne maison, n'oublierent pas de prendre leur part, se faisant Comtes perpétuels dans leurs Citez Episcopales *.

Dans cette subversion presque totale de la Monarchie, les Barbares attaquerent le Royaume, les Sarrasins, les Huns, les Normands, les Danois, Sclavons, Bulgares, & autres. Les Grands, au lieu de se réünir pour sauver la Monarchie, se joignirent aux Barbares, & avec ceux qui ne cherchoient que le pillage, & se servirent de ces troubles pour augmenter & confirmer leurs usurpations.

De là se forma la perpétuité & l'hérédité des grands Offices, des Gouvernemens des

* Mezeray p. 555.

Provinces & des villes; de là ces Droits de Souveraineté & de puissance absoluë, que les Pairs regardent comme des droits de Pairies, comme des droits naturels & favorables reçus de la pure & bonne volonté des Rois.

A peine les derniers Rois de la seconde Race possedoient-ils en domaine quatre ou cinq villes, il y eut un instant où il ne leur restoit plus que celle de Paris & de Rheims; mais enfin l'orage commença de se calmer, non sans une perte énorme & un démembrement du Royaume, qui y perdit toute l'Allemagne & toute l'Italie; mais enfin la prudence, l'attention des Rois, la Souveraineté, qui avec le tems r'appelle tout à soi, soutenuë de la justice de la cause, abbatirent avec le travail, le courage & le tems, ces puissances d'usurpation. Loüis le Gros commença le premier à dénoüer ses liens, & par une sagesse qui porta fruit dans son tems, il fixa & choisit douze des premiers vassaux de sa Couronne, les plus puissans, les plus redoutables, pour assister au Sacre de Loüis le Jeune son fils. Le Cardinal de Champagne, Archevêque de Rheims, dressa en 1179. par ordre du Roi son Beaufrere un Ceremonial, où l'on nomma les douze premiers Pairs, auxquels on distribua diverses fonctions pour la ceremonie *.

* Ceremonial François *tom. I.*

Mais voici la remarque que font les Historiens ſur ce choix, [a] il faut raporter en cet endroit les termes de Meſeray, qui parle après eux.

On n'ôta pourtant pas aux autres Pairs »
la prérogative de n'être jugez que par leurs »
Pairs dans les matieres féodales; on appel- »
loit Pairs tous les vaſſaux dont les terres »
mouvoient immédiatement d'un grand fief, »
qui avoient droit de juger avec le Seigneur »
dont ils relevoient, & qui ne pouvoient être »
jugez qu'en ſa Cour & par leurs pareils; ainſi »
non ſeulement le Roi de France, mais encore »
tous les grands Seigneurs, entr'autres le Duc »
de Normandie, le Comte de Champagne, & »
celui de Flandres, avoient leurs Pairs. »

Telle eſt l'origine de la Pairie, écoutons »
Du Tillet [b]. Le nom de Pair eſt, dit-il, un »
très ancien nom, qui ſignifie la même choſe »
que franc homme de fief, chargé de tenir la »
Cour du Seigneur, & Juger ſes cauſes féo- »
dales, ayant pour raiſon de ce de grandes »
prérogatives & nobleſſe, leſdits vaſſaux ju- »
geans furent nommez Pairs, parce qu'ils »
avoient pareille juriſdiction, autorité, pré- »
éminence, privileges & charges l'un com- »
me l'autre. Les autres Auteurs s'en expli- »
quent de même [c]. »

[a] Paſquier, Du Tillet, Mezeray.

[b] Du Tillet, *Recueil des Rois de France p. 361.*

[c] *Pares ex inde appellati unius domini convaſ-*

ſali

Les définitions du nom de Pair font connoître la difference qui s'introduisit alors entre le nom de Baron & celui de Pair. Le nom de Baron ne se donnoit qu'aux seuls vassaux du Roi, la Baronnie désignoit toute Seigneurie premiere mouvante de la Couronne [a]. Le nom de Pair au contraire étoit commun à tous les vassaux du Roi & des Seigneurs : le nom de Pair étoit un nom respectif aux autres vassaux, ou covassaux du même Seigneur. De là les Pairs de Flandres, de Champagne, & les autres, comme on vient de l'observer ; de là vient aussi que tous les Barons, ou vassaux immédiats de la Couronne, en prenant le nom de Pairs, ajouterent les noms de Pairs du Roi, ou de Pairs de France. Mais en soi, & dans la fonction, nulle difference entre les Pairs du Roi & les Pairs des Seigneurs [b].

Les Pairs du Roi, ou des autres Seigneurs, n'ont jamais eû d'autre objet, ni d'autre fonction, que d'assister au jugement des causes

sali quod ratione hominis ac tenura sibi invicem pares sunt, unique domino subsint, à quibus solis judicari peterant non convassali diversarum Baroniarum seu territorium eodem modo subjecti domino propriè non dicuntur. Du Cange, in v°. Pares.

[a] Loiseau, *des grandes Seigneuries ch. 6. n. 5.*

[b] *Compares in veteri notitia ann. 926. apud Beslium in Comitibus Pictaviensibus*, p. 219. *sunt pares feudales.*

cauſes féodales, d'y juger leurs covaſſaux Pairs, appellez auſſi Compairs; & d'y être jugez par eux : ce qui eſt diſertement établi dans les anciens livres des Fiefs [a].

L'honneur du choix pour l'aſſiſtance au Sacre ne leur avoit été accordé que pour dompter dans la ſuite l'orgueil des Ducs de Guyenne & des Comtes de Champagne, l'attachement des deux derniers Comtes de Toulouſe à la Secte des Albigeois, la férocité des Ducs de Normandie, enſuite la trop grande puiſſance des Anglois liguez, tantôt avec l'opiniâtreté rebelle des Flamands, tantôt avec les Ducs de Bretagne, & ſur la fin avec la trop puiſſante Maiſon de Bourgogne [b].

Mais joignant le Droit d'aſſiſter au Sacre par choix & préference avec le droit de juger les cauſes des Pairs, ils s'étoient emparez de preſque toute l'Autorité Royale; Grands États, grande naiſſance, puiſſans Seigneurs, ils s'étoient rendus preſque maîtres abſolus en France, & avoient inſenſiblement établi dans la Monarchie une eſpece d'Ariſtocratie indépendante de la Royau-

[a] *Conſtitutio Friderici Imperatoris apud Radovicum*; L. 4. ch. 7. *Si inter dominum & vaſſellum lis oriatur per Pares Curiæ à domino ſub debito fidelitatis conjuratos terminetur.* Hieronimus Bignovias, ad notas Marculphi tom. 2. capitul. p. 918.

[b] Mezeray.

té : on en verra ailleurs les effets. Ce mal dura jusques à ce que Philippe Le Bel ayant rendu le Parlement sedentaire en 1302, & confondu les douze Pairs dans le nombre de Cent Juges qu'il y établit, leur puissance commença de recevoir des bornes *. Les siecles qui l'ont suivi en amenerent la réduction & l'éxtinction par les confiscations & reünions, par les mariages, donations, & autres occurrences, dont les Rois profiterent avec soin.

Les trois Pairies les plus impérieuses ayant été reünies, la Guyenne, la Normandie, la Champagne, Philippe Le Bel en substitua cinq nouvelles ; Alençon, Artois, Bretagne, Valois, & Anjou ; mais il ne les donna qu'aux Princes de sa Maison, de la soumission & de la fidélité desquels il ne pouvoit douter : il les nomma pour s'assurer de la pluralité des voix contre ceux qui restoient. Il paroit donc que depuis 1179, jusques en 1297, les Pairies furent possedées par des Souverains, depuis 1297 jusques en 1551, par des Princes, & sur le déclin de ce Second âge les Princes de la

* V. La Roche Flavin, des Parlemens, *L.* 13. *ch.* 2. & 3. André Favin dans son Théatre d'honneur, *L.* 2. p. 306. & *suivantes*. Choppin, *L.* 2. *du Domaine*, *tit.* 15. *n.* 9. Du Molin dans ses remarques sur l'ancien stile du Parlement au commencement.

Maiſon de Lorraine & de Cleves ayant obtenu des Erections, les Pairies furent livrées à la Nobleſſe du Royaume, qui en a été honorée depuis 160 ans & plus; mais ſans autres Droits que ceux de la Pairie ſimple, deſtituée des prérogatives uſurpées & condamnables des premieres, & des honneurs des ſecondes, attachées uniquement au Sang Royal. Les Pairs d'aujourd'hui en ſont donc revenus aux Droits des premiers Barons, qui étoient tous Pairs & égaux. Cette égalité ſe trouve encore aujourd'hui entr'eux, c'eſt-à-dire, entre tous les Seigneurs relevans nuëment du Roi. Les douze Pairs ont conſervé ſeulement la diſtinction que leur aſſiſtance enfanta au Sacre de Loüis le Jeune. Ils y repréſentent les douze Pairs, mais ce n'eſt plus qu'une repréſentation, que tout autre Gentilhomme peut faire aujourd'hui comme eux. Les Sacres juſtifient que la Nobleſſe a eû ſouvent part à cet honneur, toutes les autres prérogatives dont ils ſe parent, & qu'ils voudroient faire renaître, ſont incompatibles avec la qualité de ſujet, ou ne peuvent s'accorder qu'aux Princes de la Maiſon Royale.

Mais ce ſyſteme de l'établiſſement & de l'origine de la Pairie eſt-il veritable? Peut-il être conteſté? Conſultons-en les Ducs & Pairs eux mêmes, voyons comment ils en ont parlé dans leur Recueil.

Ils y conviennent de tout ce que l'on vient de proposer, ils y demeurent d'accord, que sur la fin de la seconde Race les Ducs & les Comtes, revocables à la volonté des Rois, s'emparerent de l'hérédité de leurs Gouvernemens; mais pour sauver leur usurpation, ils disent que Hugues Capet parvenu à la Couronne les confirma dans leurs Seigneuries. Il faut raporter leurs termes, on y distinguera mieux ce qui s'y trouve de vrai d'avec ce que l'on y a déguisé.

» Sur la fin de la seconde Race, les Duchez
» & Comtez, qui n'étoient auparavant que
» de simples titres d'Offices & de Gouverne-
» mens de Province, étant devenus patrimo-
» niaux réels & héréditaires, & Hugues Ca-
» pet, qui étoit parvenu à la Couronne par
» l'assistance de ses Ducs & Comtes, les ayant
» confirmez dans leurs Seigneuries, les Seig-
» neurs des plus grands Fiefs qui relevoient
» immédiatement de la Couronne, se trou-
» verent les premiers & les Principaux de la
» Noblesse dans l'assemblée de ses Parlemens:
» & comme, selon l'usage ancien des Fiefs,
» ceux qui étoient mouvans immédiatement
» d'un même Seigneur suzerain étoient appel-
» lez Pairs de fief & de Cour, pour assister
» leur Seigneur quand il prenoit possession de
» sa Seigneurie, pour seoir avec lui dans les
» Jugemens des causes de fief, pour décider

les differends des autres vaſſaux, conſeiller le Seigneur dans ſes affaires, le ſervir à la guerre ; ces ſix Princes, ou Barons ; qui jouiſſoient de ce droit préferablement à tous les autres Seigneurs du Royaume, prirent auſſi l'illuſtre nom de Pairs de France : Et les Rois pour continuer à joindre l'Egliſe à la Nobleſſe, ayant conferé ce même Titre aux ſix Evêques, qui l'ont toujours depuis conſervé, cette aſſemblée d'État, qui ne s'étoit juſqu'alors appellée que Parlement, s'appella auſſi depuis Cour des Pairs, Cour du Roi, & Cour de France ; ce n'eſt pas que les Rois n'y appellaſſent auſſi d'autres Prélats & d'autres Seigneurs, pour y avoir ſéance & voix déliberative ; mais il n'y entroit que ceux que les Rois nommoient pour y aſſiſter avec les Pairs à quelque affaire d'importance, comme leurs ajoints & leurs aſſeſſeurs, au lieu que tous les Pairs en étoient, avec les Rois, les Juges naturels & ordinaires *.

L'on voit par cet expoſé des Ducs & Pairs que le fond de leur ſyſteme eſt ſemblable à celui que l'on vient de propoſer ; tout vaſſal du Roi immédiat étoit Pair, quelques-uns de ces vaſſaux ſe rendirent Souverains, & ne conſerverent de leur ſujetion que le ſerment & l'hommage. Mais leur ſyſteme, qui eſt le même que celui de la Nobleſſe, eſt alteré

* P. 24. du Mémoire de 1664.

& déguisé; & voici au nombre des Propositions qui y sont inserées celles dont l'on ne peut convenir.

La premiere, que les Pairs se contentent de dire que les Offices & les Gouvernemens devinrent patrimoniaux & héréditaires, sans dire comment : est-ce par la volonté des Rois ? On n'oseroit le soutenir ; ce fut donc, comme tous les Historiens en conviennent, par pure usurpation, à laquelle les troubles & les divisions, joints à la foiblesse des Regnes précedens, avoient donné lieu.

La seconde, que Hugues Capet confirma ces Seigneurs dans leurs Seigneuries. Où est cette confirmation ? Dans quel Traité se trouve-t-elle ? Hugues Capet pouvoit-il disposer des plus grandes Provinces de sa Couronne ? Il faut donc dire, que soumis à la loi du plus fort, Hugues Capet tolera cette hérédité, cette perpétuité, sans jamais l'avoir confirmée, & qu'au contraire il ne fut occupé après son avenement à la Couronne que du soin de la détruire.

La troisiéme, que les six Seigneurs à qui l'on donna le nom de Pairs se trouvoient les premiers & les principaux Chefs dans les assemblées des Parlemens ; on se trompe encore, il n'y avoit point de distinction entre les Pairs du tems de Hugues Capet ; il commença de regner en 987. leur distinction n'eſt venuë que pour les Sacres en 1179, & pour la ſéance au Parlement en 1302, ainſi ils y avoient tous ſéance également, & il n'eſt pas vrai que ces ſix Princes, ou Barons, joüiſſoient alors excluſivement aux autres Seigneurs du Royaume des droits de Pairie ; c'eſt-à-dire, de ſéance & voix déliberative aux Jugemens des cauſes féodales, aux aſſemblées generales où tous les Pairs, ou Barons, jouiſſoient du même droit.

La quatriéme, que Hugues Capet leur donna le nom de Pair, & le confera aux ſix Evêques qui leur furent aſſociez ; le nom de Pair, entant qu'il ſignifie le titre de Covaſſal, eſt auſſi ancien que la ſeconde Race : on en trouve, comme on l'a obſervé, quelques veſtiges dans les Capitulaires de Charlemagne *, ce nom n'a point été donné ni conferé aux Pairs Laics, ni Eccléſiaſtiques, depuis leurs premieres inveſtitures. Il eſt auſſi ancien que les premieres inféodations que les Rois leur avoient accordées; ce nom n'eſt point un titre que les Rois ayent donné ; c'eſt l'égalité des Covaſſaux qui l'a fait naître.

La cinquiéme, que le Parlement n'a point été appellé Cour des Pairs par diſtinction des douze Pairs avant qu'il eût été rendu ſedentaire, tous les Barons, ou vaſſaux immédiats du Roi, y avoient avant

* V. Paſquier, L. 2. ch, 9.

ce tems séance & voix déliberative.

La sixiéme, aussi peu vraye que les précedentes, est que les Barons, Seigneurs & Prélats que les Rois appelloient à ces assemblées, n'étoient que les ajoints & les assesseurs des Pairs, au lieu que les Rois étoient les Juges naturels & ordinaires : on soutient au contraire, que les Barons que les Rois y appelloient étant Pairs, ils étoient tous également Juges ; à quoi il faut ajouter une distinction : ou il s'agissoit d'une cause de fief, ou d'une cause d'État : s'il s'agissoit d'une cause de fief, les Pairs & les Barons que les Rois y appelloient en étoient également les Juges naturels par les droits de leurs Pairies, ou Baronies, & ceux qui y étoient appellez & qui n'étoient point Barons, étoient les ajoints, les Assesseurs des Rois, & nullement ceux des Pairs ; les Seigneurs Pairs & non Pairs faisoient alors également office de Conseillers des Rois ; ceux à qui l'on donne le nom d'Assesseurs sont les Assesseurs du Chef du Tribunal, où ils sont appellez, & non les Assesseurs des membres qui le composent, qui ont tous la même qualité, celle d'Assesseurs ou Conseillers du Roi, ou du Chef de la Jurisdiction.

A l'égard des causes d'État, la Pairie n'avoit aucune distinction sur le Clergé, ni sur la Noblesse, & encore moins dans les Conseils particuliers des Rois.

Les Ducs & Pairs, qui ont bien ſenti la juſte contradiction que ces propoſitions recevroient, ont fondé le droit excluſif des douze Pairs, avant que le Parlement fût rendu ſedentaire [a], ſur un fait ſingulierement imaginé. Ils diſent que les douze Pairs poſſedoient ſeuls les fiefs Royaux, ou immédiatement relevans de la Couronne; que le Royaume n'étoit compoſé que de trois parties, le Roi, les Pairs, & les autres Seigneurs qui relevoient des Pairs.

Qui croira que cette vaſte étenduë de païs qui renferme les monts & les mers, fût ſoumiſe à la féodalité des douze Pairs, de qui relevoient les Comtes de Valois, de Ponthieu, de Mâcon, d'Auxerre, d'Auſſone, de Foreſt, du Perche, les Ducs d'Auvergne, les Comtes de Barcelone, & autres ſans nombre? Ces Seigneuries étoient mouvantes immédiatement du Roi [b]; d'ailleurs les Seigneuries poſſedées en franc aleu dans le Royaume relevoient-elles des Pairs?

Le Duc de Bourgogne n'aquit il pas ſur la fin du troiſiéme ſiécle Pagny, Pollen, Montagné, de Philippe de Vienne, qui en 1294. fit ſerment de ne relever, ni mouvoir d'aucun fief? Et ſi l'on trouve un nombre infini d'autres Seigneurs qui relevoient nuëment du Roi, ne trouve-t-on pas auſſi

[a] P. 107. *du Mémoire de* 1664.

[b] *Du Puy, des Droits du Roi p.* 305. *& ſuivantes.*

des Pairs, qui relevoient en partie des Seigneurs, & non du Roi?

Par un accord passé en 1206. entre Eudes Duc de Bourgogne & l'Evêque de Langres, ce Duc reconnoit tenir le fief de Châtillon de l'Evêque de Langres; on trouve aussi qu'il relevoit pour d'autre fiefs de l'Evêché de Chaalons [a], de l'Abbaye de Tournus. Le Comte de Champagne ne relevoit-il pas des Ducs de Bourgogne & des Ducs Evêques de Langres, ses Compairs [b], pour plusieurs Seigneuries?

C'est donc une excuse mal trouvée, d'avoir osé dire qu'il n'y avoit que les douze Pairs qui relevassent nuëment du Roi; il y en avoit un nombre infini d'autres, & ce fut ce grand nombre qui fit restreindre à celui de douze la séance des Pairs au Parlement, quand il fut rendu sedentaire. Il est donc démontré, que par l'origine & l'établissement des Pairs, le droit de Pairie étoit égal entre tous les vassaux des Rois & des Seigneurs, & que leur droit n'étoit que celui d'une simple assistance aux jugemens des causes du fief; que les autres prérogatives n'étoient point des attributs de la Pairie, mais des privileges qui ont eû trois différentes causes; la premiere, la Souverai-

a *Recueil des pieces servant à l'histoire de Bourgogne par Pesard*, p. 411. 436. 491.

b *Gall. Christ.* t. 2. p. 664.

neté usurpée; la seconde, le droit de la naissance en la personne des Princes; la troisiéme, la tolerance des Rois, qui a fini avec le retour de leur puissance.

Les Pairs sont-ils un Corps séparé dans l'Etat ?

Ce Droit n'a jamais appartenu aux anciens Pairs, ni aux nouveaux. Lorsque les Pairs disent qu'ils sont un corps séparé dans l'État *, il faut distinguer. Ils faisoient dans leur origine un Corps séparé, comme tous les vassaux d'un même Seigneur faisoient un corps séparé. C'étoit une espece de corps de Jurisdiction féodale formé de l'assemblée des vassaux. Cette Jurisdiction du fief faisoit un corps séparé, comme toutes les Justices des Seigneurs sont des Justices séparées. C'étoit donc un Corps particulier, avec une attribution particuliere, & qui, hors son attribution féodale, ne faisoit point Corps. Ils ne faisoient point Corps par eux mêmes, ni séparément; ils ne le faisoient qu'avec le Roi, ou avec leur Seigneur; ils n'avoient de fonction que quand il les assembloit, & n'en avoient jamais s'il ne les assembloit pas.

Les Pairs n'ont jamais eû de séance reglée, avant que les Parlemens ayent été se-

* *P. 38. & suivantes du Mémoire de 1663.*

dentaires, point de Tribunaux, point de Présidens, jamais les Pairs ne se sont présidez l'un l'autre; jamais ils n'ont rien jugé, ni prononcé seuls & sans leur Seigneur; il étoit le seul Juge, les Pairs ses Conseillers. S'ils faisoient donc un Corps séparé, c'est dans le sens que tous les fiefs en France font un Corps séparé. Mais les fiefs n'ont jamais fait que des Corps particuliers, des Corps qui n'avoient que l'objet du fief, qui n'ont jamais eû de part à l'autorité publique, ni au gouvernement de l'État.

Le fief de la Couronne étoit le premier, les vassaux Pairs entr'eux étoient les Conseillers de leur Seigneur dans les causes féodales; mais n'ayant aucune part dans les Conseils & autres assemblées d'État, qu'autant qu'ils y étoient appellez, ils n'ont jamais eû de puissance par eux-mêmes, celle des Rois, ou des Seigneurs, n'a jamais été livrée à leurs vassaux. Expliquons cete verité par les faits historiques.

Les Historiens, qui ne se sont pas laissez entraîner au torrent des évenemens, & qui ont refléchi, ont distingué trois tems *.

Le premier, où les Rois gouvernoient par l'assistance & le Conseil du Clergé, & des Ducs & Comtes, à commencer depuis la naissance de la Monarchie, jusqu'au delà

* *Du Tillet des Grands de France p.* 109.

d'Hugues Capet. Du Tillet [a] rapporte une Chartre du Roi Dagobert adressée aux Archevêques & Evêques, & aux Ducs & Comtes; mais on a observé que ces Ducs & Comtes étoient révocables à la volonté du Prince, & ne possedoient leurs charges que pendant leur vie; elles ne passoient point à leurs successeurs; ces charges renfermoient également le titre de dignité & le titre d'office pour l'éxercice de la jurisdiction, toutes les adresses des Rois suivans sont semblables, & désignent les deux Corps de l'État, le Clergé & la Noblesse.

Le second tems est celui dont on a parlé, où les usurpations firent naître les inféodations héréditaires & perpétuelles, & où l'on donna le nom de Barons à tous les vassaux, qui avoient reçu leur inféodation immédiatement du Roi [b].

En l'année 1120. Loüis le Gros se servoit encore de l'ancienne addresse aux Archevêques & Évêques, Ducs & Comtes, & autres Officiers du Royaume; ce qui se voit dans les lettres qu'il donna pour l'Abbaye de S. Denis [c]; mais les inféodations ayant changé les titres d'Officiers en celui de vassaux, le titre de Baron succeda à celui

[a] *Des Grands de France p. 12.* [b] *Baronnie est toute Seigneurie suzeraine mouvante de la Couronne. Loiseau ch. 6. des Seigneuries n. 15.* [c] *Du Tillet des Grands de France p. 27.*

de Duc & de Comte, pour désigner la Seigneurie immédiate mouvante du Roi.

En 1223. Loüis VIII. adressa ses Lettres patentes pour la tolerance des Juifs aux Archevêques & Evêques, & aux Barons de son Royaume.

En 1225. les Barons de France porterent leurs plaintes au Roi des excès de la Jurisdiction Ecclesiastique, & en 1235, ils porterent les mêmes plaintes au Pape.

En 1228. le Roi Loüis VIII. malade à Montpensier, fit prêter serment aux Prélats & Barons de son Royaume de reconnoître son fils, & de lui rendre la foi & hommage *.

Voilà donc tous les vassaux du Roi formant un Corps, ou plutôt la Noblesse du Royaume revétuë d'un nouveau nom, qui continua d'assister les Rois avec le Clergé sous le titre de Baron.

Dans tous les Parlemens suivans jusques à ce qu'il ait été sedentaire, il n'est fait aucune mention des Pairs; ils ne faisoient pas alors certainement un Corps séparé dans l'Etat, puisqu'ils étoient compris avec les autres vassaux du Roi sous le nom de Baron.

En 1283. au Parlement de la Toussaint, tenu contre Charles Roi de Sicile, pour rai-

* Convocavimus dilectos & fideles nostros Prælatos & Barones. *Trésor des Chartres Layette couronnement de S. Loüis.*

son du Comté de Poitiers, nulle dénomination des Pairs.

En 1284. Philippe Le Bel rendit une Ordonnance, par laquelle il donna la Regence de son fils à la Reine Jeanne, dans laquelle il n'est fait aucune distinction des Pairs, quoique depuis 1179, douze d'entr'eux eussent été distinguez pour les Sacres.

Mais ce qui surprendra davantage les Ducs & Pairs, c'est que le même usage a continué dans les lits de Justice depuis que le Parlement a été rendu sedentaire.

Dans le lit de Justice tenu en 1310. pour les habitans de Conche, contre le Duc de Bourgogne, les Barons y assisterent, sans distinction, ni dénomination des Pairs.

On trouve dans l'Ordonnance renduë à Saint Germain en Laye en 1316. par le Roi Philippe le Long, qui étoit encore Regent, le Comte de Boulogne, le Comte de Forest, le Seigneur de Mercœur, le Seigneur de Sully, le Seigneur de Reynel, & plusieurs autres Seigneurs non Pairs.

On trouve la même chose dans l'Ordonnance du Bois de Vincenne du mois de Decembre 1316. Ce fut au lit de Justice tenu en 1317. pour Mahaut Comtesse d'Artois, que les douze Pairs commencerent à se distinguer des Barons; ils eurent des contestations sur le rang avec les Pairs nouvellement créez, on a observé que les Rois avoient créé plusieurs Pairies nouvelles pour les Princes de leur Maison, dans l'unique vûë de donner des contradicteurs aux anciens Pairs ; ils avoient érigé les Pairies d'Alençon, d'Artois, de Bourbon, de Bretagne. Les anciens Pairs disputerent le rang aux Princes du Sang qui avoient ces Pairies ; ce fut dans ce moment que s'établit la maxime, *chacun sied le premier selon que premier a été fait Pair.*

Cette décision fut une décision forcée, qui donna le pas aux anciens Pairs sur les Princes du Sang, parceque le moment de les soumettre n'étoit pas encore arrivé.

Ce que l'on remarque encore, c'est que les Pairs n'ont jamais affecté la distinction particuliere du titre de Pair, que dans les procès qui étoient faits à quelques-uns d'entr'eux, ou dans les questions qui concernoient leurs Pairies.

Cela est si vrai qu'au lit de Justice tenu pour le fameux Edit de la majorité des Rois, par lequel Charles V. la fixa à 14 ans, à celui de la suppression des Regences * par lequel Charles VI. ordonna, que les successeurs des Rois, en quelque bas âge qu'ils fûssent, seroient couronnez & sacrez, la Justice se rendit en leur nom par l'avis des plus prochains du Sang Royal, du Connétable, du Chancelier & du Conseil, nulle dis-

* *Trésor des Chartres p.* 510. *&* 14.

tinction des Pairs : on y voit le Roi de Sicile, les Ducs de Guyenne, Berry & Bourbonnois, les Comtes de Mortain, de Nevers, d'Alençon, de Clermont, de Vendosme, de Saint Paul, de Tancarville, & plusieurs autres Comtes, Barons & Seigneurs du Sang Royal ; ce sont les termes dans lesquels le Registre du Parlement s'explique.

Tous les autres lits de Justice sont semblables, qu'on les parcoure tous, & les plus importans, tels que ceux tenus sous Charles V. contre Edoüard Prince de Galles, sous Charles VI. contre Charles II. Roi de Navarre, sous Charles VIII. contre le Duc d'Orleans & les autres, il n'y en a pas un seul, où l'on ne trouve à la fin ces mots, & autres Seigneurs & Chevaliers, ou bien & autres Prélats & Barons, ou d'autres expressions synonimes *.

* *M. Du Cange tom. 2. in V°. Paris p. 143. paroit étonné de ce qu'au jugement rendu pour la Comté de Champagne contre Erard de Brenne, les douze n'y assisterent pas seuls, mais avec les autres Barons ; cela feroit croire, dit-il, que le nombre des douze Pairs n'étoit pas encore fixe, mais ce sçavant Auteur ne décide pas, & n'a voulu que faire appercevoir que les Barons avoient la même autorité que les Pairs ; car il est bien certain que le nombre des 12 Pairs avoit été fixé avant 1216, & comme d'ailleurs dans tous les tems les Barons ont eû même séance dans les Parlemens & dans les lits de Justice,*

Il resulte clairement de ces nottes historiques, que les Pairs n'ont jamais fait Corps séparé, & qu'ils n'ont jamais fait Corps, qu'avec les autres Barons du Royaume.

Ils n'ont jamais eû de puissance personelle par eux-mêmes [a]; ils n'en ont eû que dans les Séances des Parlemens, hors lesquelles ils n'ont ni pouvoir ni autorité; ils n'ont jamais eû de droit prohibitif, ni exclusif, contre les autres vassaux du Roi, parcequ'il ne peut y en avoir entre égaux, entre Pairs [b].

Justice, que jamais les Pairs n'ont eû de droit exclusif, cet Auteur laisse à décider du tems de la fixation des douze Pairs; mais la question est inutile, parceque les Barons & les grands Officiers de la Couronne ont toujours eû la même entrée aux Parlemens que les Pairs. Quand il fut rendu sedentaire, il fut formé de cent Barons & de douze Pairs. Voici comme parle Mr. Du Cange. Sane ex judicio lato contra Erardum Briennensem anno 1216. pro Comitatu Campaniæ nec dum fuisse definitum numerum cum Regni proceres alii, seu Barones, atque adeo Episcopi interfuerint, tametsi in primis recenseantur Archiepiscopus Remensis, Episcopi Lingonensis, Catalaunensis, Bellovacensis; sed de hac controversia videant alii quibus per otium licet, nos ad alia festinamus.

[a] *Les Pairs n'ont personnellement ni par eux-mêmes aucune puissance. Loiseau des Offices chap. 4. n. 60.* [b] Pares qui ejusdem conditionis & dignitatis, Capitul. Caroli Magni l. 3. ch. 71. 72. apud Marculphum l. 1. fol. 32.

Que l'on trouve qu'ils ayent fait fonction ailleurs que dans la multitude de ceux qui ont suffrage au lit de Justice, les Officiers de la Couronne n'y sons-ils pas appellez de droit comme eux ? Les Pairs ayant voulu leur disputer dans le procès de la Comtesse de Flandres contre Jean De Nesle, n'y eut-il pas Arrêt en 1224. qui déclara, que les Officiers de la Couronne avoient droit comme eux de juger les Pairs [a] ?

Où est donc ce prétendu Corps séparé, où le trouvera-t-on ? Que les Pairs en indiquent les fonctions, les séances. Croira-t-on, après ce que l'on vient d'expliquer, que leurs déffenseurs ayent été bien instruits, lorsqu'ils ont osé avancer qu'avant que le Parlement eût été sedentaire, les Pairs seuls le tenoient [b] ? Qu'ils en rapportent un seul où les douze Pairs ayent rendu seuls un Jugement, une Ordonnance. Mais on vient de leur épargner le soin de la recherche, en

[a] *Belleforest dans ses Annales, Chopin l. 3. du Domaine tit. 7. n. 8. Du Chesne histoire de Montmorency.* [b] *Il fut dit le 14. Mars 1467. par le Procureur General du Roi, que ce qu'on avoit avancé qu'avant l'établissement du Parlement il se tenoit par les Pairs, la chose n'étoit pas vraye, que les Rois faisoient tenir leurs Parlemens par telles personnes qu'il leur plaisoit, comme par les Regîstres du Parlement pouvoit apparoir. Regîstres du Parlement tom. 189. fol. 26.*

justifiant par les faits historiques, qu'avant que le Parlement fût rendu sedentaire, le Clergé & les Barons le tenoient avec le Roi, & que depuis que le Parlement fut rendu sedentaire, on y appella cent Barons avec les douze Pairs, & qu'aux lits de Justice les Rois y ont toujours amené avec eux leurs grands Officiers avec une nombreuse Noblesse.

Il en faut donc revenir à la seule proposition qui soit vraye, c'est que les Pairs n'ont jamais fait un Corps séparé des Barons, que tous ensemble faisoient le Corps d'une Jurisdiction féodale & particuliere; mais cette Jurisdiction est réünie au Parlement, ils n'y font jamais rien seuls, ils n'y ont seuls ni puissance, ni jurisdiction; ils n'en ont point ailleurs.

Cete verité est d'une évidence à laquelle les Pairs même sont forcez de ceder; mais ils ont par tout des retranchemens; ils disent " qu'il faut distinguer les lits de Justice
„ des séances ordinaires du Parlement; que
„ dans les lits de Justice, lorsque les Rois
„ sont présens, ce ne sont à proprement par-
„ ler les Pairs qui font partie du Corps du Par-
„ lement; mais que c'est le Parlement qui a
„ l'honneur d'être associé aux Pairs, de faire
„ partie de leur Cour, & de participer par
„ cette association à cette union au titre

glorieux de Cour du Roi & de Cour de " France [a]. "

Premierement, la distinction des lits de Justice & des séances ordinaires est chimerique; le Roi est toujours présent au Parlement, la place de son Trône y subsiste toujours, on la définit, le lit de Justice où sa Majesté sied quand il lui plaît [b].

En second lieu le Roi Philippe le Bel n'a point fait cette distinction lorsqu'il rendit le Parlement sedentaire, il nomma les Présidens, ensuite cent Juges, composez de douze Pairs, huit Maîtres des Requêtes, les autres Conseillers [c].

Troisiémement, on peut dire que c'est le Parlement qui a l'honneur d'être associé aux Pairs dans le lit de Justice, les Présidens, ni les Conseillers, ne tiennent rien des Pairs. Quant aux Présidens, les Pairs reconnoissoient leur supériorité aux séances ordinaires, & ne sçachant encore que répondre à cette objection, ils disent *qu'ils se sont trop relâchez, qu'ils déferent trop aux Présidens dans les assemblées ordinaires.* Mais n'est-ce pas avoüer qu'ils sont sans réponse, puisqu'ils demeurent d'accord que leur propre possession est contraire à leur prétention & détruit leur systême?

[a] *P. 38. du Mémoire de 1663.* [b] *Loiseau des Offices ch. 9. n. 12.* [c] *Registres du Parlement.*

Les Conseillers n'ont jamais donné d'autre nom que celui de confreres aux Pairs [a].

En effet, comment ont-ils osé rejetter cette qualité, puisqu'ils n'ont d'autre fonction que celle de Conseillers, qu'ils n'y peuvent avoir de séance qu'après y avoir été reçus à l'âge de 25 ans, qu'ils y prêtent le même serment, qu'ils y joüissent des mêmes exemptions & des mêmes privileges [b], qu'enfin leur Arrêt de reception leur donnoit le nom & le titre de Conseillers au Parlement qu'ils viennent de supprimer dans leurs dernieres receptions ? Il n'y a donc aucune différence dans la séance & dans la fonction au Parlement entre un Pair & un Conseiller. Les Présidens & les Conseillers ont l'honneur d'être associez à la puissance Royale par la séance & la voix déliberative qu'ils ne peuvent recevoir que des Rois, ils y sont Conseillers du Roi ; c'est leur nom, c'est leur titre établi dans leurs provisions. Pourquoi les Pairs ont-ils souffert, depuis tant de siécles, cette entreprise sur leurs droits ? Pourquoi n'ont ils pas demandé que le titre des Conseillers au Parlement fût reformé, & que le Roi ne leur donnât plus que le titre & le nom de Conseillers des Pairs ? C'est donc une erreur, dont les seuls Pairs sont frappez,

[a] *Les Pairs appellez* Cojudices. *Registres du Parlement t.* 133. *fol.* 28. *V°.* [b] *Du Puy du Parlement de Paris p.* 372.

de dire que les Parlemens dans les lits de Justice ne sont que les associez des Pairs; tous ceux qui les composent ont l'honneur d'être associez à la justice des Rois qui les y appellent ; voilà précisément où les Pairs veulent se placer : ce sont, si l'on veut les en croire, des médiateurs, qui reçoivent des Rois la puissance de juger leurs sujets, pour en faire part aux Parlemens.

Revenons donc à la verité, qui échape à chaque pas, par les imaginations toujours nouvelles des défenseurs des Pairs, & rapportons les termes d'un Auteur qui a traité à fonds cette matiére [a]. « Selon l'ancienne loi des fiefs, qui avoit établi une Justice particuliere pour le fait d'iceux distincte de la Justice ordinaire, & cette Justice pour raison des fiefs de la Couronne s'appelloit autrefois la Cour des Pairs, Justice extravagante [b], & qui à bon droit a été rejointe à la Justice ordinaire, lorsque le Parlement a été fait sedentaire; ensorte que c'est le Parlement qui est aujourd'hui la Cour des Pairs, dont partant les Pairs de France sont plus anciens Conseillers ; mais pour être tels, il faut qu'ils fassent serment, sans lequel ils ne peuvent être Officiers.

[a] *Loiseau, des Offices féodaux l. 2. ch. 2. n.* 44. [b] Quasi vagans extra, *C'est-à dire, Jurisdiction extraordinaire & hors le rang des Conseils des Parlemens & des autres Jurisdictions ordinaires.*

Voilà quel eſt leur titre & leur rang ; ils ſont les plus anciens Officiers du Corps, donc ils ne font point un Corps ſéparé ; ils ſont membres diſtinguez dans ce Corps, donc ils ne ſont point au deſſus de ce Corps ; ils n'y préſident jamais ſeuls, ils y ſont préſidez dans toutes les ſéances, ou par les Rois, ou par les Préſidens ; ils y ſont jugez, condamnez, ou abſous, par l'autorité du Roi, préſent ou abſent, de laquelle ce Corps eſt dépoſitaire.

Les Arrêts ne ſe rendent point au nom des Pairs ; c'eſt le Roi ſeul qui parle, & dont, en ſon abſence, les Préſidens expliquent la volonté. Les Pairs y ont par prérogative de leur Office de Pair ſéance & rang d'ancienneté, & rien autre choſe. Mais c'eſt combattre trop ſerieuſement le Corps fantaſtique dont les Pairs veulent ſe revêtir ; ils ne voyent pas que s'ils étoient ſeparez des Corps auxquels ils ſont attachez, ils ne ſeroient plus rien, & tomberoient dans la langueur & l'extinction à laquelle les membres ſéparez de leurs Corps ſont condamnez.

Les Pairs ſouhaiteroient avec encore plus d'ardeur de ſe ſéparer de la Nobleſſe ; mais ils ne ſçavent comment s'expliquer par rapport à ce grand, à cet illuſtre Corps. Ils diſent par tout qu'ils tiennent à honneur d'être de de l'Ordre de la Noblesse ; qu'ils ne veulent jamais s'en séparer. Cependant leur dessein secret éclate dans leurs écrits ; ils osent avancer*, "que dans les assemblées des États generaux ils ne font pas partie de la députation, mais de la présidence avec le Roi, qu'ils y ont une séance honorable ; que c'étoit autrefois aux Pairs à convoquer les États de leurs Provinces : après Paris, qui est le premier fief de la Couronne, s'appellent par rang de Pairie ceux de Bourgogne les premiers ; que ces assemblées tiennent lieu des anciens Parlemens ; les Evêques & les Barons avoient au dessous du Roi la premiere autorité ; qu'ils ont succedé à l'autorité des anciens Barons, pour tenir les premieres places dans ces Parlemens generaux.

C'est ainsi que les Pairs se mettent à découvert, & ne laissent point douter à la Noblesse de l'autorité & de la prééminence qu'ils voudroient prendre sur elle.

S'ils représentent la Noblesse & les anciens Barons, il est aisé de voir, qu'en suivant leur systeme, la Noblesse n'est plus rien aujourd'hui.

Dans tous les tems le Corps de la Noblesse & celui du Clergé ont été appellez aux déliberations importantes, où il s'agis-

* *P. 44. de leur 3e Mémoire au Recueil.*

ſoit du ſalut & de l'honneur de la Nation *.

Il n'y a rien de changé à cet uſage, il eſt le même aujourd'hui, & lors qu'il s'agira des grandes matieres où l'État entier eſt intereſſé, le ſuffrage de la Nobleſſe ſera indiſpenſablement neceſſaire.

Il n'y a rien, on le repete, de changé à cet uſage, puiſque dans les tems difficiles on aſſemble encore la Nobleſſe avec le Clergé ; le beſoin de ſecours d'argent y a fait appeller le Peuple ſous le nom de tiers État.

Quelle eſt la prétention des Pairs ? Eſt-ce de ſe ſéparer du Corps de la Nobleſſe dans ces aſſemblées ? La Nobleſſe y conſent, & ne cherche point à les retenir. Mais où iront-ils ? Ils n'en ſont point en peine, diſent-ils, ils font partie de la puiſſance & de la Majeſté Royale, ils ne font point partie de la députation de la Nobleſſe ; ils font partie de la Préſidence, c'eſt-à-dire, de la Couronne & du Trône.

Cette idée, car on ne peut donner le nom de prétention à un pareil diſcours, attaque ouvertement l'autorité Royale ; perſonne dans le Royaume ne peut ſe dire aſſocié à la Préſidence Royale, en quelque lieu qu'elle place ſon Trône, il n'y a que le choix & la

* *Ibi Archiepiſcopi, Epiſcopi, & Abbates, & magna pars Baronum conveniebant.* Vita Ludovici 7. Gloſſarium. Du Cange in v°. Parlamentum.

volonté des Rois qui puiſſent y donner accès & y admettre ſes ſujets, non pour faire partie de la Préſidence, mais pour leur donner conſeil; non pour décider, mais pour donner leurs avis. Ainſi, lorſque les Pairs quittent la députation de la Nobleſſe pour dire qu'ils ſont partie de la Préſidence Royale, leur vol eſt trop audacieux, leurs aîles n'y réſiſteront pas, & ils ne voyent pas qu'en tombant ils ne feront plus partie de rien, & que ne voulant plus être de la députation de la Nobleſſe, ils auront plus de peine qu'ils ne penſent à trouver à ſe placer.

Ne diroit-on pas à les entendre, que le Roi, enchaîné par les douze Pairs, ne peut rien décider dans ſes États ſans leur conſentement; qu'ils ont, ſur ſa perſonne ſacrée, un pouvoir Ariſtocratique? Ils ſont, diſent-ils, aux États partie de la Préſidence Royale, & cela ſans que le Roi les y appelle, ſans une Commiſſion particuliere. Qu'eſt-ce que cela veut dire, ſi ce n'eſt que dans cette aſſemblée le pouvoir du Roi eſt neceſſairement partagé entre lui & les Pairs?

On ſoutient donc que les Pairs ne peuvent former un Corps ſéparé aux États generaux, & qu'ils ne l'y forment point.

Les Barons n'ont jamais été ſeparez, ni diſtinguez dans les aſſemblées generales des autres Gentils-hommes, qui tous aux

Champs de Mars & de May formoient cette assemblée.

Ils n'ont été séparez que dans les causes particulieres de leurs Seigneurs, & de leurs fiefs & arrierefiefs; mais il ne s'agit point ici de cette distinction particuliere.

Au nombre des Barons on a choisi douze Pairs, mais on ne leur a donné que les deux distinctions, des fonctions aux Sacres, & de la séance dans les Parlemens.

On ne leur a donné aucune distinction dans la Noblesse, ni sur la Noblesse; ce puissant Corps est toujours demeuré le même, les Barons qui n'ont point été choisis pour ces deux fonctions, & toute la Noblesse du Royaume, ont conservé leurs droits & leurs honneurs, & les ont payez dans tous les tems de leur sang & de leur vie.

Que les Pairs assistent aux Sacres quand ils y seront appellez; qu'ils aillent prendre séance aux Parlemens, ce n'est point l'affaide la Noblesse; mais dans le Corps de la Noblesse, dans les assemblées des Etats, la Noblesse ne connoit point de Pairie, c'est un Office étranger, une fonction indifférente à la Noblesse. Les noms illustres sont au dessus des titres, la naissance au dessus des recompenses. Le zele de la Noblesse pour son Roi, son ardeur pour sa patrie, son courage, ses services, forment ses titres & ſon rang. Les liens qui uniſſent les membres qui les compoſent, ſont trop grands & trop forts pour ne pas faire naître entr'eux une eſtime réciproque & mutuelle, dont le principal effet eſt de ſe regarder tous comme égaux.

Les Pairs, qui ont ſenti que leur dignité n'étoit pas ſi vaſte qu'ils le prétendoient, ont pris le parti de la ſoutenir par des Mémoires fabuleux, contraires à toute verité hiſtorique ; mais par un juſte retour l'attention de la Nobleſſe r'animée inſtruira la Nation, & l'empêchera de livrer ſon ſuffrage aux erreurs, dont leurs Mémoires ſont remplis.

Achevons de parcourir leurs autres propoſitions ſur les États generaux.

Ils ont, diſent-ils, une ſéance honorable aux États.

La Nobleſſe ne connoît qu'une ſéance, celle de la députation, qui donne le titre & le rang ; & les Pairs ne prennent pas garde, qu'en cet endroit de leur Mémoire ils ſont contraires à eux mêmes. Voici comme ils parlent.

« Il faut obſerver que dans la députation « des États en France, on ne conſidere pas « les Corps & les Compagnies particulieres « qui ſont dans le Royaume, mais ſeulement « ce qu'on appelle les États, ou les condi- « tions des ſujets du Roi, & qu'on les réduit tous à ces trois États, sans regarder de quel corps particulier de l'État ils font partie *.

Peut-on dire plus expressément que dans ces assemblées l'on n'a point égard à la Pairie, ni aux autres offices & dignitez, qu'il suffit d'être du Clergé, de la Noblesse, & du tiers État, pour être de la députation? Et un moment après ils parlent de leur séance honorable, comme s'ils y faisoient un Corps séparé; ensuite ne sçachant plus comment ils y ont cette séance honorable, ils ont trouvé l'heureuse ressource dont on vient de parler, de partager dans ce moment la puissance Royale, en faisant partie de la Présidence; c'est-à-dire précisément, d'être sans rang & sans fonction, comme on l'a observé, puisque la Noblesse & les deux autres États déliberent entr'eux, présentent ensuite leurs cahiers au Roi, qui en délibere, non avec les Pairs, mais avec ses Conseillers d'État. Ainsi dans le systeme des Pairs, ils vont aux États, ils y ont une séance très-honorable; mais ils n'y sont que spectateurs, puisqu'ils ne sont, ni de la députation de la Noblesse, ni du Conseil du Roi.

Ils opposent que les anciens Pairs avoient droit de convoquer les États de leurs Provinces. Cela est vrai; mais c'étoit comme Souverains, & non comme Pairs. Ils ajou-

* *P. 44. du Mémoire de 1664.*

tent, qu'on appelle encore les Députez des États generaux ſuivant le rang des anciennes Pairies. Cela ne prouve autre choſe, ſi ce n'eſt que depuis la réünion des Pairies les Provinces font partie de la députation, ſuivant les anciennes ſéances.

Mais les Pairs d'aujourd'hui ont-ils, par leurs Pairies, des Provinces à gouverner, des États à convoquer? Sont-ils plus grands, plus puiſſans que le Corps de la Nobleſſe? Ils ne l'ont jamais été, même dans le tems de leur uſurpation.

Enfin, ils terminent leurs moyens en repetant la comparaiſon des aſſemblées des États generaux aux anciennes aſſemblées du Clergé & de la Nobleſſe, où les Barons au deſſous du Roi avoient la premiere autorité. Voilà encore cette médiation, après laquelle ils aſpirent. Où trouvent-ils écrit qu'il y avoit, dans ces aſſemblées, difference entre la Nobleſſe & la Nobleſſe, ſubordination entre les Barons & les Pairs non connus encore, & depuis que les Pairs ont été connus, ne leur a-t-on pas répondu qu'ils n'ont jamais eû de diſtinction, que pour les cauſes de fief; enfin, que l'égalité de la Nobleſſe a été dans tous les tems l'ame & la force de ces aſſemblées?

Pourquoi la Nobleſſe y diſtingueroit-elle l'office de Pairie qui ne la regarde en rien? à quel titre la Nobleſſe accorderoit-elle des honneurs particuliers à la Pairie ? N'y a-t-il pas parmi eux un grand nombre de vassaux du Roi, relevans nüement de la Couronne, ce qui seul donne à tous leurs semblables le titre de Pair ? Ces vassaux ne sont-ils pas égaux & Pairs aux douze Pairs & à leurs Successeurs, à la reserve de la fonction au Sacre & l'assistance au Parlement ? Y a-t-il quelque loi qui ait dérogé à cette ancienne loi des fiefs ?

Mais venons aux exemples. Trouvera-t-on une assemblée generale, ou particuliere, de la Noblesse, où les Pairs ayent eû la moindre distinction ? On les y trouvera mêlez les uns avec les autres. C'est ainsi qu'en ont usé les prédécesseurs des Pairs d'aujourd'hui.

Dans les assemblées generales des deux premieres Races, nulle mention de Pairs, on vient de le dire. Sous la troisiéme Race, nulle mention encore des Pairs, si ce n'est aux Parlemens, aux lits de Justice & aux Sacres ; mais comment ? Est-ce comme Ministres, comme Arbitres de l'État ? Nullement, on ne les y voit que comme des Officiers particuliers de la Jurisdiction féodale des fiefs du Roi. Dans les assemblées generales des États, nulle mention des Pairs comme d'un Corps séparé.

Aux États tenus à Tours en 1483. du Regne de Charles VIII. âgé de suitans, l'Abbé de Saint Denis Président, il n'y est aucunement parlé de Pairs *.

Dans l'assemblée des Notables des trois États, en 1527. pour la délivrance des enfans de François Premier, nulle mention des Pairs.

On voit aux États tenus à Orleans en 1560. sous Charles IX. les Princes, les grands Officiers du Roi, le Connétable, le Grand Chambellan à la suite du Roi, nulle distinction des Pairs.

Dans l'assemblée des Notables tenuë à Saint Germain en Laye en 1583, sous Henry III, les trois États avoient choisi chacun un Prince du Sang pour les présider.

Aux États de Blois tenus sous le même Prince en 1588, nulle mention des Ducs & Pairs : il y avoit cent trente quatre députez du Clergé, quatre Archevêques, vingt-un Evêques vétus en rochet & surplis ; la Noblesse en avoit 180, avec la toque de velours & la cappe ; le tiers État, des gens de justice & de commerce.

On demande aux Pairs où ils étoient dans ces assemblées ? Que répondront-ils ? Il faut répondre pour eux ; ils y étoient avec leurs Confreres, comme faisant partie de la Noblesse ; ils y étoient avec cette égalité d'estime qui augmente les distinc-

* *Du Puy de la Majorité des Rois*, p. 235.

tions particulieres que l'on se doit les uns aux autres.

Dans ces tems où les Ducs se trouvoient honorez d'être du Corps de la Noblesse, elle ne refusa pas de s'assembler, après la mort de Henry III. dans la Maison de François de Luxembourg Duc de Piney, dans laquelle il fut arrêté que l'on déclareroit au Roi Henry IV. que la qualité de Roi très Chrétien étant essentielle à un Roi de France, il ne pouvoit prendre la Couronne qu'à cette condition; François D'O, Surintendant des Finances, en porta la parole au refus du Duc de Longueville qui s'en étoit d'abord chargé; & sur la réponse que le Roi Henry IV. fit à la Noblesse, il fut arrêté dans cette assemblée que Henry IV. seroit reconnu Roi, aux conditions qu'il se feroit instruire dans six mois; que cependant il déffendroit l'éxercice de la nouvelle Religion; qu'il n'admettroit point aux charges, ni aux emplois, ceux qui la professeroient; qu'il permettroit à la Noblesse de députer vers le Pape, pour lui faire entendre & agréer les causes qui la portoient à demeurer à son service.

C'est à la fermeté de la Noblesse dans cet instant, que nous serons à jamais redevables de le conservation de la foi de nos Peres. Henry IV. n'étoit pas encore déterminé à quitter la Religion Protestante; mais aprés être r'entré dans le ſein de l'Egliſe, comment parle-t-il à cette même Nobleſſe, dans l'aſſemblée de Roüen ? de quelle maniere lui marque-t-il ſa reconnoiſſance ? Dans ces termes d'égalité, ſi éloignez de l'eſprit des Pairs, *Par l'épée de ma brave & genereuſe Nobleſſe, de laquelle je ne diſtingue point mes Princes, pour être nôtre plus beau titre, foi de Gentil-homme.*

Enfin, lors de la derniere aſſemblée de la Nobleſſe en 1651. à Paris, 13 ans avant le Mémoire de 1664, les Pairs n'étoient-ils pas encore dans les mêmes ſentimens d'égalité & de confraternité avec la Nobleſſe ? S'étant aſſemblez, Princes, Ducs, Pairs & autres, ne fut-il pas arrêté que l'on choiſiroit deux Préſidens, que l'on en changeroit tous les quinze jours, afin que chacun eût part à cet honneur ? Il fut arrêté qu'ils préſideroient alternativement, & que les deux Préſidens tireroient entr'eux au ſort la préſéance ; les Marquis de Sourdis & de la Vieuville furent les premiers qui y préſiderent.

L'acte d'union du 8. Fevrier 1651. fut ſigné ſans diſtinction de perſonnes, ni de rangs. Les premiers quinze jours expirez, on élut pour Préſidens le Comte de Bethune & le Marquis de Vitry. Le modele de Procuration envoyé dans les Provinces porte, que celui qui ſigne s'oblige à toutes les conditions de l'union faite par tous les Gentils-hommes, Princes, Ducs & Pairs, & autres du Corps de la Noblesse; c'est la Noblesse qui fait Corps dans cet acte ; les Princes, Ducs & Pairs, & autres, sont les membres de ce Corps, & ils s'y comprennent eux-mêmes sous le nom de Gentils-hommes. Ils nommerent dans la même assemblée le Comte de Brissac, le Duc de la Roche-Foucault, & le Duc de Chaulnes, pour Commissaires; le Comte de Fiésque & le Marquis d'Entrague y présiderent à leur tour, on y prenoit les voix en commençant tantôt par un côté, tantôt par l'autre, & l'assemblée ayant député au Roi & à la Reine, le Marquis de Fosseuse porta la parole.

La Noblesse est une Republique soumise à son Roi, où tous les membres qui la composent se dépouillent de tous les titres, ne s'honorant que de celui de Gentil-homme, où, au milieu des differens avantages quē donnent la haute naissance, les dignitez, les alliances & la fortune, l'égalité a toujours regné; elle en est la loi fondamentale & le lien indissoluble.

Les Provinces qui ont conservé le droit d'assembler leurs États y connoissent-elles la Pairie, pour être supérieure à la Noblesse ? N'ont-elles pas au contraire attaché le droit de présider aux anciennes Seigneuries, aux dignitez Ecclésiastiques? Les Pairs ont-ils jamais osé, en vertu de leurs titres de Pairs, en changer la disposition, soit dans l'assemblée generale des trois Ordres, ou dans la Chambre particuliere de la Noblesse? le Duc d'Uzez ne va-t-il pas s'asseoir aux États de Languedoc après de simples Barons, qui ont conservé leur ancienne séance? Le Prince de Leon, le Duc de la Tremoille, ne doivent-ils pas l'honneur de présider aux États de Bretagne, aux Seigneurs de Leon & de Vitré? Et s'ils venoient à les vendre, ne perdroient-ils pas cet honneur? Pourroient-ils le conserver par leurs dignitez, ou leurs Pairies? On est si éloigné dans ces États d'y avoir de la distinction pour les Officiers du Roi, que l'on n'y en reçoit aucun dans les députations, qu'il n'ait préalablement donné la démission de sa Charge. Tel est l'usage des Etats de Languedoc.

Les Pairs ne sont ils pas commandez à l'armée, non seulement par les Maréchaux de France, mais par leurs Officiers Supérieurs? Ne sont-ils pas présidez au Parlement par les Présidens à mortier? Ont-ils quelque rang en vertu de la Pairie aux obseques des Rois, à leurs entrées, à leurs mariages? Ils n'en ont point, & s'ils en ont aux Processions, ce ne peut-être qu'avec le Corps du Parlement.

La Pairie, on ne peut trop le repeter,

n'eſt qu'un Office renfermé dans ſes fonctions ; les Ducs en veulent ſortir, ils prennent un eſſor qui bleſſe l'autorité Royale & les trois Ordres du Royaume ; car s'ils ont attaqué le Roi, la Nobleſſe & les Parlemens, ils ne doivent pas douter que le tiers Etat n'ait pris parti, & qu'il n'ait ſouffert avec une extrême impatience leurs prétentions déraiſonnables.

Le Clergé a-t-il jamais déferé à la Pairie ? Connoit-il dans ſes aſſemblées l'éminence de ce titre ? Quel eſt le rang des Evêques Pairs, ou non Pairs ? C'eſt celui de l'ancienneté de l'Epiſcopat ; ils l'ont ſoutenüe même aux ſéances des Lits de Juſtice contre la prétention des Pairs Eccléſiaſtiques.

Comment donc les Pairs oſent-ils ſe dire les Chefs & les Juges de la Nobleſſe ? Eſt-ce en vertu de leurs Pairies ? La Nobleſſe ne les connoit pas. Quel eſt leur titre, quelle eſt leur poſſeſſion ? Ils ſont également privez de l'un & de l'autre.

Cependant ils ſe déclarent ouvertement dans leurs Mémoires *, ils diſent que « leurs » lettres d'érection témoignent aſſez claire- » ment la prééminence des Pairs par deſſus » tout le reſte de la Nobleſſe, comme en étant » les Chefs, les premiers Seigneurs, & les » Juges naturels.

Le Corps de la Nobleſſe avoit cru juſqu'à

* *Mémoire* p. 98.

present n'avoir que le Roi pour Juge, les Pairs lui aprennent qu'ils le sont devenus. Que peuvent-ils mieux faire que de retracter une proposition qui offense également les Rois & la Noblesse? Elle leur dénie formellement ces vains titres, elle ne reconnoît que le Roi pour son Chef, son premier Seigneur, & le Juge naturel de son Corps.

Elle a eû en particulier & par sa distinction les Maréchaux de France pour Juges du point d'honneur, comme les Chefs des armées, dont la Noblesse a l'honneur de partager le commandement sous leurs ordres. Comme ceux qui étant à la tête des armées se trouvent naturellement à la tête de la Noblesse qui y sert, c'est en cette qualité qu'ils sont les Juges naturels du plus précieux de tous les biens, l'honneur inséparable de la vie.

Tel est le corps de la Noblesse en France; tel il a été depuis l'origine de la Monarchie. Ce Corps immuable dans son courage & dans sa fidélité, ne souffrira point de changement dans les honneurs & les distinctions dûs à la Naissance, & aux services de ceux qui le composent.

Les Pairs ont-ils jamais eû le droit de juger hors la presence des Rois ?

Avant l'établissement des prérogatives des Ducs, qui n'a comme on l'a observé, que deux époques, l'une, le choix des douze Pairs pour l'assistance aux sacres en 1170 ; l'autre, la séance aux Parlemens en 1302, on ne connoissoit que le Clergé & la Noblesse. Ce choix de douze Seigneurs puissans leur fit porter leur autorité au delà de toute mesure, jusqu'à vouloir que le Roi fût obligé, dans les causes féodales, de se retirer du nombre des Juges, lorsqu'il étoit interessé dans la cause, comme s'ils eussent été égaux & pairs au Roi *.

On prétend que le Roi S. Loüis s'abstint de juger dans la contestation qu'il eut avec le Comte de Flandres en 1237, & que son fils Loüis X. fit la même chose, lorsque la contestation fut décidée en 1305. Mais il y a deux réponses à ce fait historique.

* *In Parium autem consessu judicia ab iis in dominum non exercebantur, quippe ut est in processu contra Robertum Attrebatensem.* Ils ne sont pas appellez pairs pour ce qu'ils sont pairs à lui, mais pairs entr'eux ensemble. Du Cange *in v°. Pares* tom. 2. p. 137.

Quand les Rois par des raiſons particulieres ſe feroient retirez des jugemens où ils avoient interêt, leur ſcrupule, ou leur délicateſſe, n'auroit jamais donné un droit à leurs ſujets de les recuſer : c'eſt une idée qui détruit totalement la puiſſance Royale, que d'admettre que l'on puiſſe recuſer un Roi.

La ſeconde raiſon qui renverſe la conſéquence que l'on veut tirer de ce fait, eſt qu'il y avoit eû une clauſe particuliere inſerée dans le traité de paix de 1305, par lequel il étoit dit, que ſuivant la demande que Guy Comte de Flandres en avoit faite en l'année 1295. le Roi s'abſtiendroit d'être du nombre des Juges ; ainſi ce fait engagé par la clauſe d'un traité de paix, clauſe forcée, clauſe faiſant partie des conventions du traité, devenoit neceſſaire dans ſon execution.

Mais les anciens Pairs prenant ſans raiſon cet évenement pour un titre, oſerent en 1378. repréſenter à Charles V. dans le procès du Duc de Bretagne, qu'il ne devoit point aſſiſter au Jugement. Charles V. donna une marque de ſa ſageſſe & de ſa modération, en permettant aux Pairs de faire expédier des lettres portant déclaration, que la preſence du Roi dans ce jugement ne tireroit point à conſéquence ; mais les lettres ne furent point expédiées, & le Roi rendit ſon jugement.

En 1386, huit années après, dans le procès du Roi Charles VI. contre le Roi de Navarre, le Duc de Bourgogne déclara au Roi Charles VI, que les Pairs & lui étoient prêts de se retirer, s'il ne mettoit leur droit à couvert. Charles VI. pressé, fut obligé de ceder à l'autorité séditieuse que les Pairs prirent sur lui dans ce moment.

Pour prouver que l'action étoit bonne, qu'elle étoit fondée sur de justes raisons, les Pairs font entendre qu'étant égaux, non seulement aux autres Pairs, mais même aux Rois, ils avoient pû forcer Charles VI. de leur donner une déclaration pour la conservation de leur prétention. Leurs défenseurs traitent sérieusement cette proposition, ils l'appuyent de l'autorité de Du Tillet, des Pairs de France page 372. Mais il falloit rapporter avec plus de sincérité ce que dit cet Historien, qui, après avoir admiré la modération de ces deux Rois, ajoute, "Que
„ si la loi ne permet pas au sujet d'être Juge
„ dans sa cause, elle le permet au Prince Sou-
„ verain pour l'excellence de sa Majesté,
„ n'ayant que Dieu pour supérieur.

Cependant ce sont ces actions temeraires, que les Pairs rappellent aujourd'hui, dont ils remplissent leurs mémoires; ils leur donnent un air de droit & de justice, & laissant à part les premiers principes de l'autorité Royale, ils parlent de la recusation des Rois, comme d'une chose convenable, d'une chose établie, & qu'ils auroient droit de réïterer s'ils en trouvoient l'occasion.

Le Roi, comme Souverain, n'a d'autre Juge que lui même; son interêt & celui de ses sujets sont confondus dans celui de la Justice, qui repose dans son sein; ses sujets n'ont rien à lui prescrire, ni à lui imposer; la recusation d'un Roi par ses sujets n'a jamais eû d'exemples dans l'histoire, & ne pouvoit être que l'ouvrage de la rebellion.

S'il y a d'autres exemples de jugemens rendus par les Pairs hors la présence des Rois, ce n'a été qu'avec leur permission, & sous leurs yeux : les Pairs cependant en parlent comme de jugemens rendus indépendamment de son autorité Royale; mais le prouvent ils? Et quand ils le prouveroient, que resteroit-il de leurs preuves, que de déplorer l'état infortuné des Rois & du Royaume, dans des tems où leur puissance souffre une si grande oppression?

Mais lorsque le Parlement eût été rendu sédentaire, cette violence d'usurpation cessa. Les douze Pairs incorporez au Parlement se trouverent les mains liées, & il ne fut plus question de recuser les Rois, ni de juger hors de leur présence; son autorité déposée dans ce Corps n'en laissa plus qu'une petite portion aux Pairs dans la proportion du nombre de douze Pairs à celui de cent Juges*.

* *Registres du Parlement*, tom. 240. fol. 34.

Depuis ce tems les Pairs n'ont pû juger hors la présence du Roi, ni hors la présence du Parlement.

Les Pairs sont-ils seuls Juges des Pairs? Les Pairs ne peuvent-ils être jugez que par les Rois, & par les Pairs?

Jamais les douze Pairs seuls n'ont rendu de jugement; on vient de le prouver : ils étoient assistez des autres Barons, leurs égaux, puisque le choix n'avoit point fait déchoir les Barons de leur droit : les Evêques y assistoient aussi, le choix des douze Pairs pour l'assistance au Sacre ne changea point la constitution de l'État, le Clergé & la Noblesse conserverent leur droit d'assister aux jugemens des grandes causes, celles de Pairie & les autres.

En 1216. les Evêques & Barons jugerent avec les Pairs la question de la foi & hommage du Comté de Champagne.

L'Arrêt de 1250, qui priva Pierre Mauclerc de la garde du Comté de Bretagne, fut rendu par un Archevêque, deux Evêques, huit Comtes, Mathieu de Montmorency, le Vicomte de Beaumont, & Jean de Soissons.

La même chose se trouve dans le Jugement rendu entre la Comtesse de Flandres & Jean De Nesle, où le Roi décida que ses Officiers & domestiques devoient avoir séance & voix déliberative avec les Pairs.

Les Arrêts du Comté de Poitiers, celui rendû entre Mahaut Comtesse d'Artois & Robert d'Artois, celui du Roi de Navarre, & les autres, sont tous rendus par les Evêques, les Pairs, Barons, & autres Officiers du Roi. On vient de rapporter ces Arrêts, ils sont rapportez dans les Mémoires des Pairs *.

Il n'y en a pas un seul où le Clergé & la Noblesse n'ayent eû autant de part que les Pairs, même dans des causes de Pairie.

Mais depuis que le Parlement a été rendu sedentaire, bien loin d'être seuls Juges, on leur donna un grand nombre de confreres, Barons tirez du sein de la Noblesse, & du nombre des vassaux du Roi, comme eux. Les Pairs ont pris grand soin de rapporter dans leurs Mémoires les Arrêts rendus dans les séances du Parlement, dans les Lits de Justice, pour prouver qu'ils ont été appellez aux Jugemens des Pairs. On ne leur a jamais contesté cette prérogative; mais on a soutenu que les Barons & la Noblesse, qui formoit alors avec les Pairs les

* *Mémoire de* 1716. p. 11. *&* 13. *Mémoire de* 1664. p. 27. *& suivantes.*

séances du Parlement, y avoit jugé comme eux.

Les Pairs ont ici comme ailleurs un dernier retranchement; ils repetent que la Noblesse, appellée avec eux au Parlement, n'avoit que la fonction subalterne d'assesseurs. La Noblesse appellée au Parlement ne cedoit qu'en préséance aux douze Pairs; ils étoient vassaux du Roi, Barons & Pairs comme eux; un Pair ne pouvoit être l'Assesseur d'un Pair; un vassal du Roi ne pouvoit être en fonction subalterne d'un autre vassal du Roi: mais cette erreur, qui se détruit par la seule évidence, a été ci-dessus suffisamment rejettée.

Il est inutile de parcourir les Arrêts rapportez depuis 1302. dans les Mémoires des Ducs; ils sont tous semblables, les Pairs y sont présens, & cent autres Seigneurs & Gentils-hommes avec eux. La formule de tous ces Arrêts est la même, le Roi y parle, & déclare que le Jugement a été rendu par lui, dans sa Cour, avec le Conseil des Pairs, Prélats, Barons, & autres*.

On avoüe que les Pairs devoient y être appellez, qu'ils étoient les Juges naturels, non des grandes causes en general, mais

* *Mémoire de 1664.* p. 18. *Coram nobis, in Curiâ nostrâ, magno Consilio nostro Parium Franciæ, Prælatorum, Baronum, aliorum que sufficienter munitâ.*

des causes des Pairies ; ils n'étoient Juges necessaires que dans les contestations qui survenoient à l'occasion des Pairies ; mais dans les autres matieres, il n'y avoit ni foi, ni usage, qui empêchât de les juger sans eux.

Ce n'a jamais été que dans les causes de felonie, dans celles de mouvance & de féodalité des Pairies, que les Rois ont quelquefois créé des Pairs, pour assister au procès seulement.

Les Pairs rapportent les exemples de Philippe de Valois, qui émancipa son fils, & lui donna les Pairies de Normandie, d'Anjou & du Maine, pour assister au procès de Robert Comte d'Artois. Charles VII, en 1458, créa quatre Pairs nouveaux, pour assister au procès du Duc d'Alençon. Loüis XI, en 1477, en créa pour le procès du Duc de Nemours. Le Comte de Saint Paul fut créé Pair par François Premier, à l'effet seulement d'assister au procès du Connétable de Bourbon, *sans qu'il pût ci-après tirer à conséquence, de se dire Pair & porter Pair de France.* Ce privilege ne leur est donc pas contesté ; mais ils ne trouveront aucun Jugement, où ils ayent eû seuls cet avantage.

Enfin, il faut aussi qu'ils avoüent que le Roi, maître de ce privilege, en use comme bon lui semble. Henry IV. n'assista pas au

Jugement du Maréchal de Biron. On a vû ſous Loüis XIV. des commiſſions particulieres données pour les procès du Duc de Montmorency & du Duc de la Vallette, où le Roi nomma des Commiſſaires, qui jugerent avec les Pairs*, & l'on entend que ces Commiſſaires du Roi, premiers Officiers de la Couronne, des Conſeils & des Parlemens, auroient été très-offenſez, ſi les Pairs ſe fûſſent aviſez de leur donner la qualité de leurs Ajoints, ou Aſſeſſeurs. Le Maréchal Duc de Montmorency fut déclaré criminel de Leze Majeſté par Arrêt du trois Août 1632. & déchu de ſes dignitez & honneurs, même de la Pairie, ſans le concours des Pairs.

Les Ducs de Nevers, d'Elbeuf & Belgarde, ont été pareillement déclarez criminels de Leze Majeſté, ſans obſerver les formalitez gardées dans les Jugemens des Pairs Souverains. Ainſi donc le droit des Pairs de n'être jugez que par les Rois & par leurs Pairs, eſt un droit aboli, ainſi que pour tous les autres vaſſaux du Roi qui en ont joüi. Cette ancienne forme n'a plus rien de ſtable, la ſeule volonté des Rois en ordonne.

* *Mémoire de* 1717. p. 9.

Les Pairs ne ſont point les Juges de la Succeſſion à la Couronne.

Ils ne le ſont du moins que comme faiſant Corps avec la Nobleſſe, & avec la Nation. Les Pairs ne prétendent pas avoir établi Pepin, ni Hugues Capet ſur le Trône. Ils n'ignorent pas que dans les deux changemens arrivez à la Couronne, lorſqu'elle paſſa de Childeric à Pepin le Bref, & de Loüis V. à Hugues Capet, la diſtinction des douze Pairs n'avoit pas encore pris naiſſance : ils n'ignorent pas que Childeric fut dégradé, que Pepin fut élû dans les Etats du Clergé & de la Nobleſſe convoquez à Soiſſons ; que Hugues Capet fut confirmé dans une pareille aſſemblée du Clergé & de la Nobleſſe tenuë dans la même ville de Soiſſons. Cependant quoique la Couronne n'ait ſouffert que ces deux changemens, auxquels les Pairs n'ont eû aucune part, ils déclarent ouvertement dans leur Mémoire de 1716 [a] » Que Henry IV. reconnut « publiquement qu'il n'y avoit que les Pairs « de France à qui il appartint de juger de la « ſucceſſion à la Couronne. «

Ils s'étoient expliquez de la même maniere dans leur Mémoire de 1664 [b], voici comment ils parlent : « Les Pairs déciderent «

[a] P. 16. [b] P. 27. & 28.

» à Rheims de la succession du Royaume de » France & de Navarre en couronnant Phi» lippe le Long frere de Loüis Huttin.

Ils ajoutent, " qu'en 1328. les Pairs ad» jugerent le Royaume à Philippe de Valois » contre les prétentions du Roi d'Angleter» re, qui avoit épousé la fille de Charles Le » Bel.

Mais tel est l'effet d'une proposition hazardée, que ceux qui la font l'oublient facilement; & sans qu'ils s'en apperçoivent, la verité reprend sa place: c'est ce qui fait que dans le Mémoire de 1716, où l'on dit si affirmativement, que Henry VI. reconnut publiquement qu'il n'y avoit que les Pairs à qui il appartint de juger de la succession à la Couronne, on trouve page 16. du même Mémoire un discours totalement contraire, où les Pairs, parlant des mêmes Princes, Philippe Le Long & Philippe de Valois, s'expliquent en ces termes:

» Il paroit que dans ces occasions, les seuls » Barons, c'est-à-dire, les Princes du Sang & » la haute Noblesse, défererent la Regence, » & assurerent la Couronne à ces deux Prin» ces: c'est ce que l'on aprend de Froissard, » Historien contemporain, dont les Pairs » rapportent les termes*. Jamais contradic-

* *Les 12. Pairs & les Barons de France donnerent le Royaume de France à Messire Philippe de Valois, & en ôterent le Roi d'Angleterre & le Roi son fils.* Froissard, L. I.

tion fut-elle plus ſenſible ?

Il ne faut encore que recourir aux citations marginales du Mémoire de 1664, où l'on trouve page 28. à côté du texte, où les Pairs diſent, qu'ils adjugerent le Royaume à Philippe de Valois, la citation de Froiſſard, qui dit tout le contraire, & finit par ces mots, " Adonc les douze Pairs & Barons " de France s'aſſemblerent à Paris au plutôt " qu'ils purent, & donnerent le Royaume " d'un commun accord à M. Philippe de " Valois. "

On oppoſe donc aux propoſitions des Pairs, le témoignage contraire de leurs propres écrits, on leur oppoſe la notorieté des faits hiſtoriques, & l'on oſe même dire qu'on leur oppoſe leur ſentiment intérieur. Ils n'ont pas revû ces Mémoires avant que de les mettre au jour, l'idée de médiation entre les Rois & les Peuples, celle d'un pouvoir Ariſtocratique au deſſus des Rois, leur a fait embraſſer toutes les idées flatteuſes que ceux qu'ils ont chargé de leur défenſe leur ont préſentées, ſans y donner la plus legere attention.

Rappellons ces grands faits de l'hiſtoire, dont ils diſent dans leurs Mémoires avoir été les ſeuls Juges. Perſonne n'ignore que pour décider la queſtion formée entre Philippe le Long frere de Loüis Huttin & Jeanne fille de Loüis, on convoqua à Paris une aſſemblée d'États, où les Prélats & les Seigneurs ſe trouverent ; on y appella l'Univerſité & les Bourgeois de Paris, qui tous déclarerent les femmes incapables de ſucceder à la Couronne, & confirmerent le couronnement de Philippe le Long *.

La mort de Charles le Bel donna lieu quelques années après à la queſtion celebre, de ſçavoir ſi les Enfans mâles des femmes étoient exclus par les mêmes loix qui excluoient leurs meres. Il étoit réſervé à l'Auteur des Mémoires des Pairs de leur donner l'honneur d'avoir décidé cette grande queſtion, & d'avoir ſauvé le Royaume d'une domination étrangere ; jamais queſtion ne fut plus déliberée, on conſulta les Docteurs ; & non ſeulement toute la Nobleſſe du Royaume, mais toute la Nation eut part à cette déciſion.

Que dire encore de la reconnoiſſance qu'ils font faire à Henry IV. que le droit de juger de la ſucceſſion à la Couronne n'appartenoit qu'aux Pairs, lorſque l'on a fait voir que ce fut la Nobleſſe de ſon Royaume qui lui mit la Couronne ſur la tête, & que ce grand Prince lui en rendit à Roüen des témoignages publics ?

Allons plus loin. Leur préſence eſt-elle neceſſaire lorſqu'il s'agit de juger de la ſuc-

* *Continuatio Nangii ann.* 1317.

cession à la Couronne ? Ce seroit une erreur grossiere de le penser : elle n'est necessaire, que pour le fait de leurs Pairies. Que les Pairs se trouvent, ou ne se trouvent pas dans les assemblées generales, elles n'en ont pas moins d'autorité. Les États generaux ne se reglent que par les députations, que les Pairs eux-mêmes reconnoissent indépendantes des titres & des dignitez.

La Noblesse ne sera pas certainement la seule qui se trouvera blessée de pareils discours, le Clergé, la Nation entiere, reprochera deux choses avec raison aux Pairs; l'une, leur peu de sincerité, qu'ils découvrent eux-mêmes par leurs contradictions ; l'autre plus importante, d'avoir pris des idées si contraires à l'autorité des Rois & aux loix fondamentales de l'État & de la Monarchie.

Les Pairs ne sont point les Juges des Regences.

On ne veut dire autre chose si ce n'est que dans ces occasions les Pairs n'ont que leurs suffrages dans les assemblées des États generaux, ou dans celles des Parlemens, qu'ils n'y peuvent rien seuls, qu'ils n'ont que leur voix, qu'elles sont comptées, & que dans ces instans ils n'ont pas plus de pouvoir que les moins distinguez, que ceux qui y ont droit de suffrage.

Le fait est aisé à justifier, il n'y a qu'à parcourir dans Mr Du Puy [a] les trente deux Regences qui ont gouverné le Royaume, & voir si l'on en trouvera une, dont les Pairs ayent seuls disposé; elles ont toutes été données, ou par la disposition des Rois, ou par les États assemblez, ou par les Parlemens, & jamais par les Pairs seuls. Cependant voici ce qu'ils ont imaginé, il faut rapporter leurs termes [b]. " Aussi ce droit » de déclarer la Regence des Princes auxquels » la loi du Royaume la défere; & de décider » sur les difficultez qui se présentent à ce sujet, a toujours paru, même au Parlement » de Paris, si inséparablement uni à la Pairie, » que lors qu'en 1418, il refusa de reconnoître la qualité de Regent qu'avoit pris le » Dauphin pendant la maladie de Charles » VI, cette Compagnie n'apporta d'autre » cause de son refus, que le défaut de consentement du Roi, & de convocation des » Pairs, par où il connoissoit bien formellement qu'il n'appartenoit qu'à eux de conferer ce titre.

Voilà des paroles bien décisives, mais que l'on a peine à comprendre. Premierement, les Pairs ne comptent pour rien le suffrage

a *Du Puy, de la Majorité des Rois.* b *Mémoire de 1716. p. 16.*

des Princes de la Maiſon Royale dans les Regences, s'ils ne ſont Pairs, parce qu'il n'y a que les Pairs qui puiſſent conferer ce titre. Les Pairs regardent les Princes comme mêlez & confondus dans leur prétendu College; quand ils parlent des Pairs, les Princes ſont ſouſentendus. N'eſt-ce pas attaquer directement la Maiſon Royale, que de s'expliquer ainſi?

Comment d'ailleurs dans le ſein des États generaux & des Parlemens les Pairs peuvent-ils dire qu'ils diſpoſent ſeuls des Regences? Ils en reviennent encore à leur idée favorite.

Il n'y a, diſent ils, que les Pairs au Parlement; c'eſt la Cour des Pairs, les Officiers qui la compoſent ne ſont que leurs Ajoints, leurs Aſſeſſeurs *. Or le Parlement donne les Regences; donc les Pairs ſeuls ont droit de les donner.

Le Sophiſme n'eſt point ici caché, il ſe découvre aiſément par une puiſſance veritablement inconnuë; les Magiſtrats du Parlement deviennent muets à l'aſpect des Pairs, leur voix ſe perd & s'éteint pour les laiſſer diſpoſer ſeuls des Regences.

Quand les Préſidens & les Conſeillers ne ſeroient que les Aſſeſſeurs des Pairs, s'ils ont voix déliberative comme les Pairs, ne ſont-ils pas tous également Juges? C'eſt

* *Mémoire du 26. Février 1662. p. 5.*

donc une idée réellement fausse, de dire que les Pairs alors soient les seuls Juges.

D'ailleurs, les Pairs ne peuvent ignorer que le nom de Cour des Pairs ne leur donne aucune supériorité sur le Parlement; que tout au contraire, ce titre apprend que le Parlement est le Souverain Juge des Pairs.

Enfin, le Parlement n'est la Cour des Pairs que dans les matieres de Pairie, partout ailleurs il est la Cour du Roi; & même quand il s'agit de Pairie, il est encore la Cour du Roi, parce que le Parlement est le Siege de sa Justice, qui subsiste en tout tems pour les Pairs, comme pour tous les autres sujets. La Justice que les Rois y rendent aux Pairs est la même que celle qu'ils rendent à leurs peuples.

Les Pairs ne pourroient pas même prouver que quand le Parlement donne les Regences, il les donne seul avec eux. Les Princes, les Officiers de la Couronne, les Prélats, la Noblesse, les Magistrats des Conseils, ne s'y trouvent-ils pas? Ce qui supplée dans ces momens à l'impossibilité d'assembler la Nation dans une matiere aussi pressante.

Ainsi donc pour conclurre qu'ils donnent les Regences seuls, ce ne seroit pas assez d'ôter le suffrage au Parlement, il faudroit l'ôter aux Princes, Prélats & Seigneurs qui s'y trouvent. Ecoutons Du Tillet ſur cette matiere *.

“ Petit fondement y a d'étendre leur autorité à la Regence du Royaume, qu'elle ne puiſſe être ordonnée ſans les y appeller, ni les affaires de cet État menées ſans leur conſentement ; car les Rois ont toujours eû, même du tems que le Parlement étoit ambulatoire, à leur ſuite, Conſeil ſéparé dudit Parlement, pour leſdites affaires d'État, auquel, s'il y avoit aucun Pair, c'étoit par élection du Prince, non à cauſe de la Pairie ; & les Ordonnances generales & particulieres des Regences ne font mention deſdits Pairs, & ne les appellent au Conſeil de l'adminiſtration & Gouvernement dudit Royaume durant la Minorité, Étoit ledit Conſeil nommé Grand Secret, ou Privé Conſeil du Roi.

La reflexion de cet Auteur eſt trop juſte. Si la diſpoſition des Regences appartenoit aux Pairs ſeuls, pourquoi, après en avoir choiſi un, ne ſont-ils pas tous du Conſeil de Regence ? Pourquoi toutes les Ordonnances generales & particulieres ſur le fait des Regences ne parlent-elles ni des Pairs, ni du droit de leurs Pairies ?

Le même Auteur ajoûte, “ que la malheureuſe diviſion des Maiſons d'Orleans & de Bourgogne cauſa la difficulté du Parle-

* *P. 363.*

» ment, changé incontinent après la surprise » des Pairs, & fait partial par le Duc de Bour» gogne contre la Regence de Charles VII, » afin que sans ledit Duc de Bourgogne, » Doyen des Pairs Laics, n'y eût Regent. » Il fit mettre en avant que les Pairs de France » y devoient être appellez, mais il ne faut » s'arrêter à cette contradiction, parce qu'elle » est sans raison.

Revenons donc ici au refus du Parlement d'accepter la Regence de Charles VII, dont les Pairs font leur titre. Le Parlement avoit un prétexte dans le défaut de consentement du Roi, & non dans celui des Pairs; Du Tillet & les autres Historiens nous apprennent, qu'après la surprise de Paris, le Duc de Bourgogne ayant fait périr le Connétable, le Chancelier, les Seigneurs, les Magistrats, & generalement tous ceux qui n'avoient été dans ses interêts, au nombre de deux mille, il revêtit ses créatures des dépouilles des proscrits; les charges de la Magistrature furent en proye à sa faction, & le Parlement ayant perdu l'usage de sa liberté, fut forcé de donner pour cause de son refus la necessité de la convocation des Pairs, pour disposer de la Regence du Royaume.

Tels sont les titres que les Pairs choisissent pour fonder leurs droits; ils puisent leurs faits dans le sein de la rebellion.

Du moins ils avoüeront qu'ils auroient perdu leur possession, ils avoüeront qu'ils n'ont pas disposé seuls de la Regence de Loüis XV; qu'ils n'ont point disposé de la Regence de Loüis XIV; de celle de Loüis XIII. Qu'ils remontent jusques à la premiere de toutes, celle de Dagobert premier en 647, qu'ils cherchent, dans le long cours de Regences, leur droit; qu'ils y cherchent leur possession, ils n'y en trouveront pas le moindre vestige.

C'est ainsi que les Défenseurs des Pairs s'égarent dans des propositions insensées, sans s'appercevoir qu'ils mettent les Pairs dans la necessité de les désavoüer, ou de laisser croire avec raison au public, que toutes ces propositions qui attaquent ouvertement le Roi & l'État, sont hazardées avec dessein, & dans la vûë de les soutenir & de les faire valoir, si jamais ils croyoient en avoir trouvé le moment.

Differences entre la Pairie ancienne & la Pairie nouvelle.

Ces differences sont inutiles à chercher pour combattre les prétentions des Ducs & Pairs; puisque l'on vient de faire voir, que quand les anciens Pairs revivroient aujourd'hui, ils ne pourroient pas s'attribuer des droits qui n'ont jamais appartenu à la Pairie, & dont ils n'ont pas même joüi dans le tems de leur usurpation ; la revolte soutenuë de la puissance, n'avoit point fait imaginer aux anciens Pairs qu'ils devoient faire un Corps séparé dans l'Etat, qu'ils étoient au dessus de la Noblesse & des Parlemens ; que le droit de juger les Rois leur appartenoit ; qu'ils étoient les seuls Juges de la succession à la Couronne & des Regences.

Ces modeles des Pairs d'aujourd'hui, modeles si funestes à l'État, n'ont donc jamais eû les droits que les Ducs & Pairs veulent s'attribuer ; & quand les Pairs anciens les auroient eûs, les Pairs d'aujourd'hui pourroient-ils les prétendre ?

Cependant s'ils vouloient reveler leur secret, ils avoüeroient que le fonds de leur projet est de rétablir un jour les prétendus droits de ces Souverains indépendans des Rois, malgré le vain hommage qu'ils leur rendoient. Mais quant à present on est persuadé qu'ils ne veulent pas faire renaître dans leurs Pairies le droit de guerre & de paix, ceux de lever les troupes, faire des Nobles, lever des deniers, battre Monnoye, &c. Mais la Noblesse ne croira pas leurs discours, & ceux qui les observeront de près ne douteront pas qu'ils ne rétablissent cette puissance, s'ils avoient le pouvoir de le faire, si leurs Seigneuries pouvoient y fournir, & si la puissance des Rois retomboit dans l'abbattement & dans l'oppression; & l'on peut s'assuret que tant qu'on ne leur imposera pas silence, ils ne renonceront jamais à de si hautes esperances; ils se regardent comme les Electeurs des Rois, semblables à ceux de l'Empire: c'est là l'objet du Corps séparé qu'ils veulent établir; c'est là l'objet de ce pouvoir décisif sur la succession à la Couronne & sur les Regences, qu'ils ont traité si amplement dans leurs Mémoires.

C'est pour venir pas à pas à l'éxecution de ce grand projet, qu'ils revendiquent ouvertement des honneurs qui ne se sont trouvez joints à la Pairie, que parceque dans les deux premiers tems elle a été possedée par des Souverains, & successivement par des Princes de la Maison Royale. Mais est-il juste d'égaler des Gentils-hommes aux Princes? L'effet de la Pairie peut-il être de mettre le vassal au dessus des Enfans de son Seigneur & de son Roi? Les Princes voudroient-ils le souffrir? Comment la Noblesse pourroit-elle regarder une pareille apothéose? Cependant on l'auroit peut-être vû arriver, si le Roi Loüis XIV. ne leur en avoit pour jamais fermé les chemins. Il a par le premier Article de l'Édit de 1711, retiré les Princes du prétendu College des

Pairs ; il les a remis dans leur place, en leur donnant le premier rang dans l'assistance aux Sacres & aux séances des Parlemens, encore qu'ils ne possedent aucune Pairie.

Voilà de toutes les differences de l'ancienne & la nouvelle Pairie, la plus essentielle, la mieux marquée ; elle suffit seule. Les Pairs anciens n'éxistent plus, les Princes de la Maison Royale ont été remis dans le premier ordre, dans l'ordre suprême qui leur appartient.

Ce qu'il y a de singulier, c'est que l'on ne connoit point l'origine de tous les honneurs dont ils se sont emparez, ils n'ont ni Édits, ni Déclarations, ni Lettres patentes, ni Brevets, qui leur en accordent des concessions. Mais « ce sont, disent les Pairs, » les honneurs dont nos prédécesseurs ont » joüi, la Pairie nouvelle est semblable à » l'ancienne, nos Lettres d'érection veulent » que nous joüissions des mêmes privileges, » des mêmes prérogatives & prééminences ; » c'est l'ancien College des Pairs qui subsiste » toujours.

On convient qu'ils ont raison quant aux honneurs de la Pairie ; mais pour les autres, la Pairie en soi ne peut les produire ; ils en sont autant éloignez, que les vassaux & les sujets du Roi le sont des rangs & des honneurs des Souverains & de la Maison Royale. Distinguons donc les honneurs de la Pairie, que l'on ne refuse pas aux Pairs, de ceux auxquels ils aspirent, & qui sont les honneurs suprêmes.

L'entrée au Louvre est-elle un droit de Pairie? On sçait que le Duc d'Epernon, à la faveur d'une partie de jeu dont Henry IV. l'avoit mis, & d'une indisposition vraye, ou feinte, demanda permission d'entrer au Louvre en carrosse; les autres Ducs & Pairs demanderent la même grace, qui leur fut refusée. Ce fut après la mort du Roi, & dans un tems de Regence, que la Reine, pressée par les conjonctures, fut obligée de tolerer *. Le fauteuil chez les Princes & les Princesses ont la même origine. Henry II. Prince de Condé épousa la derniere des trois filles du Connétable de Montmorency, le Duc de Ventadour épousa l'une des autres. Ce Prince, qui avoit une politesse naturelle, s'écartoit à titre d'alliance, par inclination, & sans tirer à conséquence, des regles de distinction établies de tous tems entre les Princes & la Noblesse; il reconduisoit son beaufrere, le Duc de Ventadour, quand il en recevoit des visites, & la Princesse faisoit donner un fauteuil à la Duchesse sa sœur.

Ces faveurs accordées à la parenté, ont été sur le champ érigées par les Pairs en privileges de Pairie; ils se sont emparez de ces

* *Vie du Duc d'Epernon.*

honneurs, en oubliant dans le même instant le hazard qui les avoit fait naître; ils se sont élevez au dessus de la Noblesse, ils l'ont regardée du haut de cette élevation; ils se sont voulus mettre dans une si grande distance, que la Noblesse ne peut le souffrir plus long-tems.

Elle demande aux Pairs s'ils peuvent se persuader que ces distinctions fortuites puissent former des titres; elles forment au plus une possession abusive, une possession vitieuse, toujours contraire à son titre, & toujours contrariée. Les honneurs que la force des armes avoit donnez aux premiers Pairs se rétablissent aujourd'hui par l'adresse des nouveaux; mais que ce soit force, ou que ce soit adresse, l'injustice est égale, & la necessité de s'y opposer la même.

Il faut que les Pairs l'avoüent, ils se sont déplacez; ils veulent monter sur l'Estrade des Princes, le degré est trop haut, ils ne peuvent y atteindre: ils veulent quitter le Corps de la Noblesse, mais en se séparant d'elle on ne les reconnoit plus; ils s'attribuënt des honneurs qui ne leur appartiennent pas, ils se parent d'ornemens étrangers auxquels on ne peut s'accoutumer. Ne voyent-ils pas qu'une pareille situation ne peut être durable, & qu'après leurs vains efforts il faut qu'ils r'entrent dans le sein de la Noblesse, qui ne les recevra que lorsque quittant le fard qui les déguiſe, ils reprendront leur parure naturelle.

Que dire encore du Dais ou du Trône qu'ils ont placé dans leurs hôtels, de la houſſe de caroſſe de leurs femmes ? Qu'ils le diſent de bonne foi, les honneurs qui déſignent la Souveraineté, ou l'eſperance que le ſang Royal en donne, peuvent-ils leur convenir ? Quelle contenance peut tenir un Gentil-homme, qui ne leur cedera, ni en naiſſance, ni en biens, ni dans les autres avantages de l'eſprit & du cœur, lorſqu'il verra chez les Princes donner un fauteuil aux Ducs, & lui refuſer ; lorſqu'il verra chez eüx un Dais, lorſqu'il ne pourra plus leur écrire, ſi l'on ne leur donne dans une lettre des honneurs qui ne ſont dûs, ſuivant les uſages, qu'aux Princes ? Enfin, quelle liaiſon la Nobleſſe peut-elle conſerver avec eux, s'ils ne veulent pas rendre civilité pour civilité, entre perſonnes que le titre de Gentil homme rend égaux, & qui ne ſont point dépendans les uns des autres ?

Ces honneurs ne ſont donc bons qu'à retrancher, pour l'interêt des Ducs même. On eſt perſuadé que s'ils ont été abuſez juſqu'à preſent : inſtruits déſormais par ce Mémoire, ils ſe montreront auſſi juſtes que leur interêt le demande, & renonceront à des droits qu'ils ne peuvent conſerver.

Poür les y déterminer, ils n'ont qu'à envisager dans l'autre parti un éloignement perpétuel de la Noblesse, une rupture ouverte avec elle. Le choix ne doit pas être difficile à faire, ce n'est que dans le vrai, que le repos & la tranquillité se trouvent; l'agitation & le trouble suivent le faux, & les choses forcées; & tôt ou tard la verité surmonte les obstacles qu'on lui oppose.

Il faut achever de leur faire connoître leur veritable interêt, & le seul parti qui leur reste à prendre, en leur découvrant les autres différences entre les Pairies anciennes & les nouvelles.

1°. La disproportion infinie, à ne pouvoir la mesurer, de leurs Seigneuries si bornées, aux vastes Provinces que les anciens Pairs possedoient.

2°. La multiplication sans bornes de cette dignité. Ne sçavent-ils pas que c'est cette multiplication qui a fait périr les anciens Ordres du Royaume? Henry III, ne pouvant rétablir l'Ordre de Saint Michel, prit le parti de le laisser tomber, & de créer celui du Saint Esprit. La multiplicité dans les dignitez est une marque sûre de leur ruine prochaine.

A-t-on vû dans le tems des anciennes Pairies des Ordonnances des Rois, des Remontrances des Parlemens, semblables à celles que la Pairie nouvelle a fait éclorre ſur leur diſproportion & ſur leur multiplicité ? Il faut en rappeller ici quelques-unes.

En 1515, dans le tems que la Pairie n'avoit été encore communiquée qu'aux Princes du Sang, le Parlement avant que d'enregiſtrer les Lettres d'érection de Chatelraut en Pairie en faveur de François de Bourbon, ordonna " qu'il ſeroit fait Enquête de la valeur de Chatelraut, afin de conſerver la dignité de la Pairie ". Et Du Tillet, qui raporte ce fait, parle en ces termes :

Ce qui a été avancé plus haut des Ducs & Pairs, pour n'être communs, étoient en fort grand prix, ſans comparaiſon plus qu'ils ne le ſont ". Cet Auteur ſi éclairé, ſi judicieux, écrivoit du tems de Charles IX. à qui il dédia ſon ouvrage. Il comptoit alors le Duché de Montmorency pour la derniere des Pairies ; il s'eſt bien trompé, il n'enviſageoit pas l'excès où le nombre en a été porté depuis.

En 1566. Charles IX, reconnoiſſant l'atteinte mortelle que la multiplication des Pairies portoit à cette dignité, crut avoir trouvé un moyen ſûr de la réduire, en lui ôtant la perpétuité qu'elle avoit, par la ſucceſſion des femmes à la Pairie ; & voulut ralentir l'ardeur de ceux qui la pourſuivoient, en ordonnant que les Proprietaires des Duchez Pairies venant à mourir ſans mâles, les terres & Seigneuries ſeroient réünies au Domaine.

Henry III. alla plus loin, par sa Déclaration de 1582. enregistrée, ainsi que la précedente, au Parlement. Il voulut que la Pairie ne fût plus qu'à vie, & que la réünion s'en fît au Domaine après le décès du Pair, soit qu'il eût des enfans mâles, ou qu'il n'en eût pas.

„ L'experience, dit le Roi, nous a fait con-
» noitre que comme les personnages d'excel-
» lente vertu & merite ne peuvent être trop
» honorez, aussi, de communiquer & de dé-
» partir à plusieurs, encore qu'ils en soient
» capables, les plus hauts & éminens grades
» de Nôtre Royaume, qui ne peuvent rai-
» sonnablement être distribuez & colloquez
» qu'à peu, il en advient le plus souvent que
» ni les uns, ni les autres, ne sont estimez;
» & la chose étant ainsi commune, n'est te-
» nuë à la reverence & à la consideration qui
» seroit requise; outre les autres inconvé-
» niens & désordres qui ordinairement en
» succedent.

Mais cette Déclaration fut sans effet après la mort d'Henry III. Le nombre en augmenta sous les Regnes suivans & jusques à ce jour sans mesure *.

Le Parlement a fait dans tous les tems tout ce qu'il a pû pour arrêter ce progrès nuisible à l'État, & à la Pairie même; au nombre de ses Remontrances, il s'en trouve

* *Il y en a aujourd'hui 46.*

une très-forte, qu'il fit en 1619, lors de l'érection du Duché Pairie de Lesdiguieres, il faut en rapporter les termes *.

« La Cour déliberant sur les Lettres d'érection en Duché Pairie en faveur de François de Bonne Maréchal de France, a arrêté que le Roi sera très-humblement supplié de n'accorder à l'avenir aucune nouvelle érection de terre en Duché Pairie, pour les raisons importantes au bien & grandeur de son État qui lui seront représentées, & jusques à ce qu'il ait plû de les entendre, trouver bon que ladite Cour n'entre en aucune déliberation de nouvelles Lettres, pour quelques personnes que ce soit. »

Que de raisons s'offroient au Parlement pour s'opposer aux érections nouvelles des Pairies! Dignité en soi peu nécessaire, depuis que le service des fiefs est aboli, onereuse aux Parlemens, contraire dans tous les tems à l'autorité Royale & aux Princes. Combien de fois les Pairs ont-ils osé leur disputer le pas? Mais, qui plus que la Noblesse a raison de se plaindre de la multiplicité des Pairs, & des honneurs dont ils se sont emparez? Dans quel obscurcissement la Noblesse se voit-elle tombée? Elle ne peut faire un pas qu'elle ne trouve un Pair qui se présente à elle avec les attributs d'un Prince, plus attachez sans comparaison à

* *Registres du Parlement.*

des honneurs qui leur sont justement contestez, que ceux à qui ils sont dûs, ne peuvent l'être.

Ce n'est pas la premiere fois qu'elle en a porté ses plaintes, ni la premiere fois qu'elle aura été écoutée.

Suivons les differences de la Pairie nouvelle & de l'ancienne, à mesure qu'on les expose il en croît de nouvelles. Qu'est devenu ce droit de n'être Jugez que par le Roi & les Pairs? Qu'est devenuë cette formule si haute & si fiere, de ne pouvoir être ajournez que par un Pair, & depuis par deux Chevaliers? Qu'est devenue ensin cette prétention, que les Présidens, ni les Conseillers, ne devoient point avoir de voix ni de suffrage dans les Jugemens des Pairs?

La volonté des Rois est au dessus de la Pairie, les Rois ne s'engagent point avec leurs sujets par les honneurs qu'ils leur accordent, ils les révoquent comme ils les donnent; c'est-à-dire, ainsi qu'il leur plaît.

C'est cette volonté que la Noblesse implore, les agitations que la Pairie a ressenties depuis qu'elle a été accordée à la Noblesse font assez connoître que cette dignité, qui n'a plus d'objet que la décoration, n'a plus rien de ferme, ni de stable. Si les Rois Charles IX. & Henry III. ont senti si vivement la necessité de la réduction du nombre des Pairs, on sent aujourd'hui plus que jamais cette necessité, & encore de diminuer les honneurs étrangers à la Pairie, chose la plus juste que jamais on ait demandée, & que la Noblesse demande avec instance.

Quelle différence encore entre la Pairie ancienne & nouvelle pour l'assistance aux Sacres? il y en a deux très-remarquables; l'une, que les Pairs d'aujourd'hui n'y sont point en vertu de leurs Pairies, mais seulement par représentation des anciennes; l'autre, qu'ils n'y assistent que lorsqu'il plaît aux Rois de les y appeller; ce qui est, à proprement parler, la suppression totale de ce droit, puis qu'il n'est plus à eux que quand il plaira aux Rois de leur permettre d'en user; & les Rois, on le repete, dans cet honneur, comme dans les autres qu'ils accordent à leurs sujets, ne se lient point les mains; ils ont appellé tant de fois des Gentils-hommes à leurs Sacres, pour faire les fonctions des anciens Pairs, que l'on ne peut pas dire aujourd'hui que cet honneur appartienne plus aux Pairs qu'à la Noblesse.

Au Sacre de Charles VII, pour ne pas remonter plus haut, les Seigneurs de la Tremoille, de Beaumanoir, de Maillé, & selon une autre relation, le Seigneur de Gramont, Gentils-hommes, furent Pairs représentatifs.

Au Sacre de Loüis XII. le Duc de Lorraine & le Comte de Nevers, non Pairs, le Seigneur de Raveſtin & le Comte de Foix, Gentils-hommes, firent la fonction de Pairs.

Au Sacre de François Premier, le Duc de Lorraine, Françoïs de Bourbon, depuis Duc de Chatelraut; les Comtes de Vendôme & de S. Paul, non Pairs.

A celui d'Henry II. Henry d'Albret Roi de Navarre, ayeul maternel d'Henry IV, non Pair [a].

Cette aſſiſtance aux Sacres étoit dans ſon origine un ſervice de fief, ainſi qu'un honneur; c'étoit ſi bien un ſervice, que le vaſſal ne pouvoit s'en diſpenſer ſans tomber en faute envers ſon Seigneur.

Jean Duc de Bretagne ne s'étant point trouvé au Sacre de Philippe le Long, ni excuſé de ſon abſence, il obtint du Roi des Lettres de Remiſſion, pour éviter les ſuites rigoureuſes que cette faute auroit eû pour lui & pour ſes enfans [b], dont la peine ſuivant les loix des fiefs eût été la ſaiſie & la perte des fruits du Duché de Bretagne. Tous

[a] *Ceremonial François, tom.* 1. [b] *Dominus Rex remittit Joanni Duci Britanniæ deffectum quod fecit propter hoc quod ad coronationem non venit, nec ſe excuſavit, nec vult Dominus Rex quod ſibi vel ſuis præjudicium generetur in futurum. Datum die* 3. *Martii* 1316. Annal. Franc. p. 147.

Tous les Pairs doivent ſoutenir la Couronne en ſigne d'obéïſſance & de ſujetion; le Duc de Bourgogne devoit attacher les éperons du Roi & les ôter.

Mais ces loix anciennes de la Pairie ſont évanoüies, il n'en reſte rien aujourd'hui, ainſi quand les Pairs ſe récrient que les Rois, en donnant des honneurs au deſſus de la Pairie, violent les loix les plus ſacrées, ils n'y penſent pas; ces loix, qui n'en ont jamais merité le nom, ne ſubſiſtent plus, les Rois ne devoient ni ne pouvoient les conſerver; ils ne le devoient pas, puiſqu'il n'étoit queſtion que de réünir des fiefs diſtraits de la Couronne par des ſujets revoltez; ils ne le pouvoient pas, parceque les Pairies nouvelles ne ſont que des fiefs ordinaires, qui n'ont plus que les deux prérogatives, de la ſéance aux Parlemens, & de pouvoir être appellez aux Sacres; le reſte ne convient plus aux Pairs nouveaux, ſimples Gentils-hommes, qui n'ont aucunement ſuccedé aux inveſtitures des fiefs réünis des ſix Pairs Laïques, ni aux conditions de leurs inveſtitures, parceque les premieres loix des fiefs ſont changées, parceque le ſervice perſonel ne ſubſiſte plus, parcequ'il a été converti en preſtation pécuniaire.

Les Rois par les mêmes motifs, en leur refuſant les honneurs, les ont diſpenſez du ſervice ; ils ſe ſont bien gardez de leur accorder un auſſi grand pouvoir, ni une auſſi grande diſtinction qu'aux anciens Pairs ; ils n'ont voulu laiſſer aucune trace de l'ancienne Pairie, les nouveaux Pairs ſont aujourd'hui pleinement diſpenſez du ſervice féodal, de l'aſſiſtance aux Sacres, & du ſervice militaire. Ce ne ſont plus les mêmes fiefs, ni les mêmes vaſſaux, les Pairs d'à preſent ne ſont point obligez d'amener leurs vaſſaux au ſecours des Rois ; il n'y a plus que le Roi qui puiſſe armer dans ſon Royaume : ainſi donc, avec la ceſſation du ſervice, les Rois ont fait juſtement diſparoître les honneurs.

Mais ſans pouſſer plus loin les recherches, il ne faut plus qu'éxaminer en quel état étoit l'ancienne Pairie en 1551, lorſque François Premier l'a communiquée pour la premiere fois à la Nobleſſe, & en quel état Loüis XIV. vient de la laiſſer.

La déſobéïſſance des anciens Pairs avoit diſparu avec leurs Pairies ; il ne reſtoit plus que celle de Flandre, que la fortune de Charles-Quint avoit enlevée à la France. Les Pairies du ſecond âge, bien moins conſidérables, avoient été déferées à d'autres conditions que les premieres ; les Rois avoient repris leur autorité & leurs droits ſur ces ſecondes Pairies, & la ſoumiſſion, la fidélité des Princes de la Maiſon Royale, qui en étoient possesseurs, avoit conservé l'éclat de cette dignité, sans en conserver l'injuste puissance.

On voit que dans la fin du second âge de la Pairie tous les droits orgueilleux des Pairs Souverains ne subsistant plus, elle avoit été réduite au terme de vasselage honorable de la Couronne; on le voit dans les sermens qu'ils faisoient, il ne faut que jetter les yeux sur celui de l'Évêque de Noyon en 1502; il étoit conçu en ces termes:

De s'acquitter en sa conscience ès Jugemens des Procès esquels ils seront audit Parlement, & porter honneur à icelui lequel est leur Juge, pour leur honneur, vie & État, & doit en leurs Jugemens être garni suffisamment d'autres Pairs.

Le Connétable de Montmorency en fit un pareil. Les Pairs, qui ont toujours une réponse prête, disent que c'étoit le premier Gentil-homme qui eût été Pair, qu'il n'étoit pas instruit de ses droits, ou qu'il se prêta plus qu'il ne devoit aux difficultez qu'on lui fit.

Mais la replique se trouve dans le serment précedént de l'Evêque de Noyon. Dira-t-on que ce Prélat, 50 ans avant que la Pairie dût passer aux Gentils-hommes, eût fait un serment sans être instruit, ou l'eût fait par facilité & par complaisance? Ne sçait-on pas avec quelle religion on suit les formules établies dans ces sortes de matieres, qu'elles ne peuvent recevoir de changement que par la volonté des Rois, ou par l'ambition inquiete de ceux à qui ces formules déplaisent ?

Ce fut en cet état que François Premier jugea à propos de communiquer la Pairie aux Princes étrangers ; il érigea Guise, l'Enregistrement n'en passa au Parlement qu'après huit Lettres de Jussion. La Maison de Cleves reçut le même honneur ; ce fut dans cet instant que celle de Montmorency ouvrit la porte de cette dignité à la Noblesse.

Mais parlons de bonne foi ; les Rois ont-ils prétendu donner à la Noblesse la Pairie, telle que les Pairs la dépeignent ? Ils auroient certainement bien manqué de prudence & de conseil. Que l'on donne aux Pairs ce qu'ils prétendent, & que l'on voye en même tems ce que deviendra l'autorité Royale, ce que deviendra l'État. La France ne sera plus gouvernée par ses Rois, elle le sera par les Pairs ; la face du gouvernement changera, & les Pairs, de vassaux, deviendront les premiers Seigneurs ; de sujets, ils deviendront les Maîtres.

Quant à la Noblesse, elle iroit se perdre dans le dernier oubli, les Pairs ayant établi une puissance médiatrice entre les Rois & les Peuples, la Noblesse verroit cette même puissance s'élever au dessus d'elle ; cela ne peut jamais arriver.

La Noblesse est au dessus de tous les titres & de toutes les dignitez, le rang de la Noblesse ne peut lui être ôté, parce qu'il est dû à la naissance, qui forme un droit immuable parce qu'il est dû au sang de ses peres, & que le salut de l'État y est attaché.

Venons au dernier instant de la Pairie, celui auquel le Roi Loüis XIV. l'a fixée & réduite par l'Édit de 1711. Il n'y manque rien (si le respect permet de le dire) que d'en avoir réduit le nombre. L'article 3. parle en ces termes :

Les Ducs & Pairs représenteront aux Sacres les anciens Pairs, lorsqu'ils y seront appellez, au défaut des Princes du Sang & des Princes légitimez qui auront des Pairies ; ils auront rang & séance entr'eux avec droit d'entrée & voix déliberative, tant aux Audiances, qu'aux Conseils de nos Cours de Parlemens, du jour de la premiere reception & prestation de serment en nôtre Cour de Parlement de Paris, après l'enregistrement des lettres d'érection, & seront reçus audit Parlement à l'âge de 25 ans, en la maniere accoutumée.

La Noblesse ne conteste aux Pairs aucuns des droits mentionnez dans cet article ; elle leur refuse tous les autres.

1° Qu'ils assistent aux Sacres des Rois,

lorſqu'ils y ſeront appellez ; elle ne l'empêche point.

2°. Qu'ils ayent entrée & voix déliberative aux Parlemens.

3°. Qu'ils ayent ſéance du jour de leur reception.

4°. Qu'ils ſoyent reçus à 25 ans en la maniere accoutumée, la Nobleſſe y conſent ; mais voilà les colonnes, les barrieres au delà deſquelles ils ne ſçauroient trouver ni fonctions, ni honneurs.

» Mais quoi ! diſent les Pairs, les Rois ſont-» ils moins puiſſans aujourd'hui qu'autrefois ? » Ne peuvent-ils pas donner les mêmes hon-» neurs aux Pairs ? Seront-ils Pairs, s'ils ne ſont » égaux aux anciens ? Leurs lettres d'érection » ne le diſent-elles pas ? L'établiſſement des » Pairs a été le ſalut de la Monarchie, en obli-» geant les Pairs à une fidélité plus étroite.

Quoique les Rois ſoyent les maîtres des honneurs, peuvent-ils donner aux Pairs ce qu'ils prétendent, ni leur laiſſer ce qu'ils poſſedent ? Après avoir retiré les Princes tant de fois attaquez par les Pairs, du nombre des Pairs nouveaux, ſeroit-il juſte de leur accorder les honneurs qui ne ſont dûs qu'à leur Maiſon ? Bien loin que leur puiſſance ſouffre en cela quelque diminution, elle éclate au deſſus de celle des Rois leurs prédéceſſeurs, qui gênez par la ſuite d'une ancienne rebellion, n'ont pû qu'après une longue attente rendre aux Princes de leur Maiſon l'honneur qui leur eſt dû ; la puiſſance des Rois eſt ici bien plus grande dans le refus, qu'elle ne le ſeroit dans la grace.

Les Pairs prennent donc le change, ils cherchent une égalité impraticable avec les anciens Pairs ; non contens de l'égalité qui eſt entr'eux, & qui eſt la ſeule que leurs lettres aujourd'hui puiſſent leur donner, ils courent après une vaine reſſemblance, ils ſe conſument en ſouhaits, & mépriſent les biens qu'ils poſſedent.

Il eſt vrai que les Hiſtoriens ont dit qu'il étoit plus qu'incertain de ſçavoir ſi la Pairie avoit été plus avantageuſe aux Pairs qu'aux Rois. Les Ducs & Pairs ſont de l'avis que l'établiſſement de la Pairie fut le rétabliſſement de la Monarchie * ; la Nobleſſe en convient avec eux : mais comment, & par quels moyens ? C'eſt parceque cette union, formée en apparence pour les engager dans les liens d'une fidélité plus étroite, ne fut veritablement faite que dans la vûë de les détruire ; cette union fut la cauſe de leur perte, en ce que le Roi ſe donnoit l'appui des Pairs qui lui étoient fidelles, contre ceux qui ne l'étoient pas.

C'eſt donc en vain que les Pairs diſent que *Rien n'a pû rompre cette illuſtre chaîne qui les unit avec les anciens Pairs*. La chaîne eſt rompuë, l'Edit de 1711. y a frappé le dernier coup ; il en a pour jamais fait la rupture,

* *P. 31, du Mémoire de 1664.*

en rappellant à côté de ſon Trône les Princes de ſa Maiſon, en les dégageant des liens de la Pairie & de l'ancienneté des Erections, ſans quoi les Pairs prétendoient que les Princes ne pouvoient joüir de leurs honneurs; prévenus de la vieille erreur, qui les faiſoit ſe regarder comme étant au deſſus de la Maiſon Royale.

C'eſt par la même prévention qu'ils ont autoriſé leurs défenſeurs à répandre dans leurs écrits des expreſſions qui renouvellent les mêmes idées, & dont le faſte eſt au delà de toute raiſon.

„ Les Pairs, diſent-ils, ſont les Conſeillers „ nez des Rois, une portion de leur hon„ neur, les plus illuſtres portions de la Royau„ té, les pierres prétieuſes, les fleurs de la „ couronne inſéparables des Rois *.

A qui, de bonne foi, ces expreſſions, en quelque endroit que l'on les trouve, peuvent-elles convenir? Que l'on faſſe lire à qui que ce ſoit ces grands, ces excellens titres, ſans dire à qui on les attribuë; on ne nommera jamais les Pairs : ce n'eſt qu'à la Nobleſſe que ces titres peuvent appartenir.

La Nobleſſe n'eſt-elle pas le plus ferme appui de l'Etat? N'a-t-elle pas dans tous les tems aſſiſté les Rois de ſes Conſeils & de ſon épée? N'a-t-elle pas toujours été inſéparable des Rois, & le plus beau fleuron de la

* *Mémoire de 1664. p. 31. 32. 43. 47. 49. Mémoire de 1716. p. 3. & 4.*

Couronne ? Les Rois ne l'ont-ils pas déclaré dans leurs Ordonnances, dans leurs discours publics ? Pourroit-on refuser à la Noblesse des titres que les Rois lui ont donné tant de fois ?

Mais pour les Pairs c'est autre chose ; comment osent-ils se dire Conseillers nez, lorsqu'ils ne le sont qu'après une reception & un serment qu'ils ne peuvent faire qu'à 25 ans ? Ils ne sont donc point nez, ils sont créez, comme tous les autres Officiers du Royaume. Ce n'est point la naissance qui donne la Pairie ; c'est le choix des Rois, c'est la reception dans l'Office de Pair ; c'est le serment ; ils sont d'ailleurs les portions de la Royauté, de l'honneur des Rois, les fleurons de sa Couronne, comme tous les Officiers du Roi le sont, en ce qu'ils concourent à l'exercice de la Justice que les Rois doivent à leurs sujets, qui est une des plus nobles portions de la Royauté.

Ce qui fit naître toutes ces idées si vaines, ce fut l'honneur que le Roi Loüis XIV. leur accorda en 1664, d'opiner aux lits de Justice avant les Présidens à Mortier ; mais si la querelle eût été à juger en 1711, on peut dire, sans blesser le respect dû à la mémoire de Loüis XIV. que moins prévenu qu'il étoit en 1664. contre les Parlemens, il n'auroit pas accordé aux Ducs & Pairs une grace si contraire à son autorité Royale. Il donna par cet Arrêt la préséance aux Pairs sur lui même, puisqu'il la donna sur ceux qui ont l'honneur de le représenter. Et quoi qu'en sa présence la représentation soit suspenduë, on ne doit pas moins de respect à leur dignité, & les droits des Pairs ne sont pas différens suivant les différentes séances du Parlement.

C'est ce succès qui a fait naître leur confiance, qui leur a fait demander depuis, de recevoir le salut du Premier Président aux opinions, comme les Princes de la Maison Royale, sans se souvenir que ces Princes sont au dessus d'eux. Le Prince Regent n'a point écouté cette prétention ; il l'a renvoyée à la volonté du Roi.

Ils ont encore imaginé sans aucune apparence de raison, que le Duc de Richelieu devoit être jugé comme Pair avant sa reception, contre la teneur expresse de l'Édit de 1711, qui ne donne fonction de Pair au Parlement qu'après la reception & le serment, qui par le même Édit, ne peuvent être faits qu'à 25 ans.

Enfin, ils viennent d'occuper les principales places du gouvernement, & se trouvant à la tête des Conseils & des affaires de l'État, on juge aisément que leurs prétentions ne diminuëront pas, dans un tems favorable à leurs idées chimériques, & contraires au bien de l'Etat.

On dit même qu'ils se sont établis secrettement en Corps de Compagnie, qu'ils ont nommé entr'eux des Commiſſaires, des Syndics, choiſi un Greffier, ou Secretaire. S'ils avoient préferé, comme ils le diſent *, le bien du Royaume aux prééminences de leur dignité, ils ſe ſeroient bien gardez de faire de pareils mouvemens dans un tems de Minorité; mais ce ſont les tems qu'ils cherchent, ce ſont leurs tems favoris, & où ils ſe ſont toujours emparez de quelque prérogative nouvelle: s'ils avoient préferé l'interêt general de l'État à leur interêt particulier, comme ils le diſent encore, auroient-ils choiſi un tems où l'État a beſoin d'un long repos pour reparer les maux des guerres paſſées?

« Mais pourquoi, ajoutent-ils, la Nobleſſe ſe déclare-t-elle contr'eux? C'eſt moins leur cauſe, que celle de la Nobleſſe, qu'ils ſoutiennent; ils ne font que repouſſer l'atteinte que l'on donne à la Nobleſſe, lorſque l'on affecte de les déprimer. »

Puiſque la cauſe eſt ſi commune, les Pairs ſe reconnoiſſent donc du Corps de la Nobleſſe; ils ne font donc point un Corps ſéparé. Si les Pairs n'étoient attaquez que dans les droits de leur Pairie, & qu'ils euſſent conſervé avec la Nobleſſe les principes d'union & d'égalité qui y ont toujours été, les Pairs n'auroient point de plus zelez défenſeurs; mais les Pairs ne ſont point attaquez, ils

* *Mémoire de 1716. p. 4.*

attaquent les autres, & bien loin de soûtenir la cause de la Noblesse, ils la dégradent, ils la dépriment.

La Noblesse, exempte de passion & de ressentiment, incapable de soûtenir une cause injuste, & qui n'en a jamais soutenu, marche ici dans une route sûre, & ne peut s'égarer dans ses plaintes, parce qu'elle n'a d'autre objet que de conserver sa gloire, sauver l'État & le Gouvernement. Ce n'a jamais été l'intention des Rois, ni de la Maison Royale, de laisser prendre aux Pairs un essor si prodigieux; & moins encore leur interêt.

La Noblesse, qui ne s'est jamais séparée de ces interêts sacrez, s'y joint & s'y unit plus fortement que jamais; ainsi parlant pour elle, elle a l'avantage de parler pour son Roi, pour les Princes de sa Maison, pour l'Etat entier. C'est ce qui l'autorise à demander, avec l'assurance que lui donne la justice de ses demandes, & sans jamais cesser ses justes poursuites, jusques à ce que le Roi en ait ordonné par la bouche du Prince Regent, Que les Honneurs & les fonctions des Pairs soyent réduits & bornez conformément à l'article troisiéme de l'Edit de 1711, à la seule séance au Parlement, & à la seule assistance aux Sacres, lorsqu'ils y seront appellez, sans qu'il soit permis aux Pairs de s'attribuer en public, ni ailleurs, d'autres fonctions, ni d'autres honneurs.

FIN.

Fautes à corriger.

PAg. 45. lig. 15. on peut, *lisez* peut-on.

P. 61. l. 11. Seigneurs, *lis.* Seigneuries.

P. 71. l. 4. foi, *lis.* Loi.

P. 74. l. 14. Henri VI. *lis.* Henri IV.

P. 78. l. 1. que ceux, *lis.* de ceux.

P. 79. l. 12. *après* aisement, *mettez* un point & une virgule.

P. 79. l. 13. *après le mot* inconnu, *ôtez* le point & la virgule.

P. 81. l. 20. trop, *lis.* très.

www.ingramcontent.com/pod-product-compliance
Lightning Source LLC
LaVergne TN
LVHW012023220826
846092LV00001B/466

* 9 7 8 2 0 1 6 1 5 9 7 1 2 *